Islam,
l'épreuve française

Du même auteur

Edith Cresson : la femme piégée, Flammarion, 1993.

Une Algérienne debout, entretiens avec Khalida Messaoudi, Flammarion, 1995.

Mon journal d'Algérie : novembre 1999-janvier 2000, Flammarion, 2000.

Ton rêve est mon cauchemar : les six mois qui ont tué la paix, Flammarion, 2001.

Halte aux feux : Proche-Orient, antisémitisme, médias, islamophobie, communautarisme, banlieues…, avec Pascal Boniface, Flammarion, 2006.

Pour le meilleur et pour le pire : cinq femmes entre amour et politique, avec Nicole Leibowitz, Flammarion, 2012.

Elisabeth Schemla

Islam, l'épreuve française

PLON
www.plon.fr

ISBN : 978-2-259-22046-0

A Massimo

« L'épreuve ne tourne jamais vers nous le visage que
nous attendions. »

François MAURIAC, *Journal*

« Doit-on conquérir l'Europe par la guerre ? Non…
L'Europe est minable, vautrée dans son matérialisme
et sa philosophie de promiscuité.
Le message de l'islam est mondialiste.
Aussi, je souhaite que l'islam conquière l'Europe
par l'influence. »

Youssef AL-QARADAOUI,
chef spirituel des Frères musulmans,
théologien de référence des principales
organisations islamiques européennes,
prêcheur star d'Al-Jazeera.

Avertissement

Nombre de Français de pays d'origine très divers, musulmans ou de culture musulmane, croyants ou agnostiques, vivent paisiblement leur identité et leur foi, respectent les lois républicaines, ont amour et reconnaissance pour la France. D'aucune façon ils ne sont une épreuve. Au contraire, eux-mêmes la subissent, peut-être plus encore que d'autres, et ils ont à la traverser.

Avant-propos

Parler librement de l'islam en France et de certains Français ou étrangers musulmans, c'est tout l'esprit de ce livre. Lui être infidèle serait s'encombrer même peu ou prou des interdits, forcément contradictoires d'ailleurs, posés par l'ensemble des obédiences politiques, religieuses et intellectuelles de notre pays, sans exception. Il ne saurait donc en être question : cela reviendrait à s'exonérer du devoir de réflexion.

A l'extérieur, la révolution arabe suit un cours qui devait logiquement déboucher sur un nouvel ordre islamiste. Parallèlement mais non sans passerelles, la France vit une autre révolution, induite par l'enracinement sur son sol de millions de musulmans – eux-mêmes en pleine mutation – et la présence en leur sein de contingents radicaux. C'est l'objet de cet ouvrage.

En vingt-cinq ans, le noble objectif associé à l'immigration, l'intégration, s'est estompé. Il a cédé la place à une problématique anxiogène, l'islamisation. La France a glissé subrepticement de son siège séculier estampillé loi de 1905 pour se retrouver un siècle plus tard, en 2013, elle qui avait déserté Dieu, aux prises avec un terrifiant inconnu : le fait religieux. De surcroît, d'une religion en plein essor qui n'a jamais été la sienne et qu'elle a souvent combattue.

Deux grilles de lecture extrémistes se sont imposées pour cette métamorphose nationale : la théologie du multiculturalisme d'un côté, et le dogme raciste de l'autre. Les deux veulent nous faire prendre des vessies pour des lanternes, meilleure façon de rester dans l'obscurité. Voire de plonger dans l'obscurantisme. La première (à laquelle adhèrent logiquement la plupart des musulmans) stipule que l'islam ne pose aucun problème fondamental à notre société. Juste une période d'adaptation – à sens unique – qui sera vite surmontée. Le second prédit que la France, terre d'une nouvelle conquête mahométane, deviendra rien moins qu'un pays islamique. Adieu veaux, vaches, cochons, couvées ! Pris entre ces deux courants qui pèsent chacun leur poids électoral, énormément de musulmans étant français, les politiques godillent péniblement, un coup à gauche, un coup à droite. Mais toujours, promis juré, dans le respect du sacro-saint principe de laïcité. Prétendent-ils…

En vérité, tout est faux, chacun ment. Mensonge et duplicité deviennent un comportement constant quand la peur règne. Et, en effet, une majorité de Français ont bel et bien peur de l'islam. La lignée des Le Pen, leurs diatribes héréditaires, leurs obsessions familiales, leur antienne sur l'islamisation de la France en sont certainement responsables. Mais les adulateurs de la diversité, négationnistes de la vie vécue dans les cages d'escalier, le sont également. Mais Mohamed Merah, ses crimes atroces, toute une jeunesse française *et* musulmane qui en a fait comme on le verra un héros y sont peut-être aussi pour quelque chose.

Si une France bientôt musulmane relève du pur fantasme, reste l'incontestable. Ce que nous avons tous sous les yeux. Tandis que les églises, souvent rebaptisées en musées, attirent des foules en quête de voûtes magistrales, de chefs-d'œuvre picturaux, d'émotions artistiques et non plus cultuelles, les mosquées en nombre croissant dressent leurs minarets, drainent les fidèles, bruissent de leurs agenouillements et vibrent de leurs prières. Les cloches continuent à sonner partout ; mais ici ou là, le muezzin nasille déjà. Les unes égrènent le temps qui fuit, l'autre appelle, et convertit. Dans les rues, les hidjabs prolifèrent, dans les cités et les quartiers le niqab fleurit, et parfois la burka. Le halal devient une obligation religieuse, des cantines d'écoles ou des hôpitaux proscrivent le porc pour tous, des médecins acceptent de passer la main à une collègue pour ne pas offenser une patiente qui ne saurait être soignée par un homme. Des caricatures de Mahomet déchaînent l'hystérie et les menaces. Un nouveau concept, l'islamophobie, fait trembler les pleutres descendants de Voltaire. Des violences jusqu'aux plus graves sont perpétrées au nom de l'islam. Bref, inutile de fuir devant le constat : notre socle culturel et notre modèle laïc en prennent un très sérieux coup.

La France moderne, marquée par la décolonisation, déstabilisée par la mondialisation, bousculée par le développement industriel et technologique, enfin par une crise économique et sociale sans précédent, frappée dès lors au sceau du doute, de l'individualisme fou et du marché tout-puissant, était-elle prête à essuyer l'épreuve de l'endoctrinement ou de la foi, comme on voudra, que lui inflige une religion conquérante, portée par un nombre certain de ses citoyens ? Pourquoi les entorses et les entailles sur l'être français ont-elles été possibles ? Jusqu'à quelles concessions notre société, insérée dans une Europe qui traverse les mêmes difficultés culturelles et cultuelles, est-elle prête à aller vis-à-vis d'une minorité nationale ? Autrement dit, de quoi est constitué aujourd'hui notre socle commun, où se situe notre ligne de tolérance, ou de résistance ? Une confrontation inédite en son sein agite la France : religion importée contre laïcité. Mais pour répondre à ces questions essentielles, à proprement parler questions de civilisation, pour tenter de définir les enjeux colossaux de cet affrontement franco-français imprévu, proposer quelques solutions, impossible d'ignorer une réalité musulmane française que ce livre tente de relater. Ni un duplicata à l'infini de Merah, ni une masse de musulmans qui seraient tous « bons », mais les multiples visages et degrés de l'islamisme. C'est-à-dire un islam qui n'a toujours pas trouvé sa voie française.

« *You are muslim, we panic !* »

Les Français sont mal avec l'islam. Les Français ont peur de l'islam. Islam, islam, islam… Peur, peur, peur… Islam, peur, islam, peur, islam, peur… De quoi avoir la frousse de toute façon en entendant ces mots clés toute la journée ! Mais, au fond : ont-ils raison, les Français, d'avoir peur de l'islam ? Eh bien, oui. Du moins si l'on admet que cette peur est suscitée par un totalitarisme religieux à l'œuvre – il y en a un –, par des groupes prêts à passer à l'action violente – ils existent –, mais aussi, et surtout, par plusieurs centaines de milliers de musulmans dont tous les signes extérieurs de religion, tous les comportements démontrent qu'ils n'ont strictement rien à faire de la France. Et même, qu'ils la « niquent ».

Les Français ont approuvé comme un seul homme la guerre au Mali contre les islamistes que

François Hollande a engagée. Il y a longtemps pourtant qu'ils ne sont plus des va-t-en-guerre. Ils ont juste la certitude qu'une même menace rôde là-bas et ici. L'exceptionnelle et dramatique prise d'otages sur le site gazier d'In Amenas en Algérie ne pouvait guère les amener à changer d'avis. Des hommes impuissants bardés de grenades par leurs ravisseurs, voilà qui frappe les imaginations. Comme l'armement stupéfiant des jihadistes, jusqu'à des missiles sol-air capables d'abattre un avion. Les Français ont aussi appris par la une du *Point* les noms et les visages de leurs ennemis dont la mission terrestre est d'établir d'épouvantables Etats islamistes. Pas vraiment rassurant. Ces barbus ont des frères en France.

Manuel Valls, en parlant à ce moment-là d'« ennemi intérieur », voulait désigner les jihadistes français, des fanatiques qui complotent en France même au nom d'Allah et de Mahomet contre le pays qui est celui de leur carte d'identité. On avait presque oublié cette expression qui revient sur le devant de la scène. Le ministre reconnaissait simplement une situation explosive, jusqu'ici soigneusement tue. Depuis, il martèle. Tout à la fois, il semble donner raison à Marine Le Pen et aux électeurs de Nicolas Sarkozy, après une campagne présidentielle en 2012 dont la peur de l'islam était le poumon émotionnel et qui a frôlé l'hystérie. A rebours, il affole tous ceux qui discernent dans l'Arabe et le Noir les victimes contemporaines d'une construction nationaliste et purificatrice qui a fait tant de ravages dans le passé. Enfin, ce doigt pointé sur l'« ennemi intérieur » effraie tous ceux qui, pratiquants ou agnostiques d'origine, de culture ou de religion musulmane, mais aussi les convertis, n'ont strictement rien à voir avec les fanatiques. Ceux qui ont presque tous voté pour la gauche en 2012 et se sentent tout à coup floués par elle, insensibles aux précautions oratoires des officiels qui s'évertuent à dissocier le bon grain musulman de l'ivraie islamiste.

Valls, longtemps maire d'Evry où il a hérité de la plus imposante mosquée de France, s'est retrouvé dans sa ville face à une montée intégriste. En arrivant place Beauvau, il a pris la mesure du problème sur l'ensemble du territoire. Qu'il ait donné des gages à une opinion publique sérieusement remontée contre l'islam, son énorme popularité l'atteste. Cela ne signifie pas qu'il ait plongé dans un populisme de mauvais augure ni qu'il ait eu tort, sur le fond, de procéder ainsi. Face à la menace virtuelle ou réelle, les Français sont fragilisés par deux facteurs : la posture traditionnelle de la gauche en qui ils ne sentent pas un solide rempart pour protéger la laïcité ; et l'attitude des musulmans eux-mêmes qu'ils considèrent dans une grande majorité comme responsables de leur intégration ratée. Tout ce qui leur démontre que les socialistes sont sur la bonne voie, celle d'en finir avec l'aveuglement, le laxisme, la langue de bois, ne peut que les apaiser ; ils espèrent aussi sans trop y croire que les Français musulmans faiseurs de désordres, jeunes pour la plupart, vont accepter de se remettre en cause, admettre le tort qu'ils font à leur propre communauté. Et les responsables de celle-ci se décider enfin à y mettre un peu d'ordre dans un esprit républicain. Sinon, la crainte qui divise a de beaux jours devant elle.

En tout cas, aujourd'hui, plus personne ne songe à nier la peur. C'est un acquis. Sans elle, les choses auraient pu continuer pendant longtemps. Elle occupe dorénavant la place centrale dans la propagande de l'extrême droite qui a mis en sourdine l'antisémitisme, question de bataillons. Une partie de la droite ne se gêne plus pour en nourrir son fonds rhétorique. La gauche la conteste, la tourne en ridicule, la combat avec des mots, mais admet son étendue. Beaucoup plus instructif :

les musulmans militants eux-mêmes l'ont intégrée dans leur stratégie de minorité combative. Ainsi Médine. Rappeur du Havre qui fait un succès dans les cités et les quartiers de France, il a débuté par une apologie musicale des attentats de New York, de Ben Laden et d'Al-Jazeera. Depuis, son look et son rap musulman se sont débenladenisés. Il a pris son propre contre-pied en adoptant pour devise « *I'm muslim don't panik* », inspirée du « *I am a black and proud of it* » des Blacks Panthers américains. Dans un ouvrage « modéré » publié à la rentrée dernière, précisément sous le titre *Don't Panik*[1], Médine se fixe pour objectif de déconstruire la peur qu'inspire l'islam et les musulmans, fil conducteur du livre. Il essaie bien sûr de justifier son apologie du terrorisme et de l'islam radical d'hier : une énorme « provocation » à laquelle il aurait été contraint à cause du déferlement « islamophobe » qui avait suivi les attentats... Il en aurait définitivement admis l'inutilité. Surtout, il a compris à quel point c'est contre-productif dans la société française, pour le moins : il est interdit d'antenne et réfugié sur le Web. Le Médine époque rose se présente donc en « démineur » de préjugés. Il se décrit

1. Médine, *Don't Panik*, entretiens avec Pascal Boniface, Desclée de Brouwer, 2012.

comme « quelqu'un qui incarne physiquement tous les fantasmes de la France. Je suis rappeur, banlieusard, musulman, barbu, issu de l'immigration algérienne ». Il ajoute : « Mais ces peurs ne sont-elles pas "légitimes" à certains égards ? Si volontairement je me fais l'avocat du diable, n'y a-t-il pas, comme certains le prétendent, incompatibilité de la communauté musulmane avec les valeurs de la République ? » Bien entendu, Médine veut démontrer que tel n'est pas le cas. Il prend tant et si bien la peur française en considération qu'il consacre plus de deux cents pages à tenter de la désamorcer[1].

Ses arguments ont plutôt de quoi entretenir l'inquiétude. Parmi une myriade d'autres points, « l'affaire Merah » – sept morts dont celle d'une fillette abattue à bout portant, une « affaire » ? – suscite à peine deux lignes d'une condamnation imposée, comme dans les épreuves de patinage artistique. Elle est surtout prétexte à dénoncer des médias mercantiles, biaisés et islamophobes ; l'ignominieux Dieudonné est présenté comme « peut-être un remède au racisme » ; *La Marseillaise* sifflée dans les stades relèverait, « toutes proportions gardées…

1. *Don't Panik, op. cit.*

de l'esprit de Gandhi », et ainsi de suite. D'où la question que l'on se pose inévitablement sur son évolution : quelle est la part de la sincérité, de la maturité et celle de la tactique pour endormir les foules, qu'elles soient disposées à se laisser convaincre ou convertir, ou qu'elles soient fortement réticentes, voire franchement hostiles ? Reste que Médine a décidé, devant l'ampleur des dégâts, de faire de *Don't Panik* une cause. Du coup, il est reçu à Sciences Po et fait un Olympia à Paris. Pour rassurer. Car il constate avec justesse que « les mécanismes de la peur déclenchent des réactions de défense ».

Quand l'angoisse a commencé à se manifester, il était de bon ton d'y voir une extravagance ou un dévoiement. De bons esprits poursuivent dans cette voie sur le mode « on crée ce que l'on prétend expliquer ». Laissons-les à leur théorie du pompier pyromane, elle ne convainc d'ailleurs pas grand monde. La peur, donc, a pris racine voilà vingt-cinq ans avec la première affaire du foulard à Creil. Depuis, elle perdure et prospère. Au fil du temps, enquêtes et sondages, ces confessionnaux modernes, relatent implacablement son enkystement. Trois exemples de thèmes dont l'IFOP a suivi l'évolution durant un quart de siècle. Le premier : l'édification de mosquées à la demande des croyants. En 1989, alors qu'il n'y avait pas de minarets dans le paysage, 33 % des Français y étaient favorables. Ils ne sont plus que 18 %. Ceux que cela indiffère sont passés de 46 % en 2001, année du 11 Septembre, à 34 %. Deuxième exemple : le hidjab, malignement baptisé « foulard ». Les citoyens décidément laïcs ne l'ont jamais apprécié et ils lui restent profondément hostiles. Les trois quarts d'entre eux désapprouvaient déjà en 1989 que les élèves le portent dans les écoles publiques. Presque toute la population le refuse aujourd'hui – 89 % ! chiffre considérable. Dans la rue aussi, cela déplaît de plus en plus. A deux tiers des Français, alors qu'ils n'étaient que 31 %. Cette affaire ne laisse quasiment personne insensible. Troisième thème : la représentation de l'islam dans le champ politique. Les électeurs admettent en nombre grandissant l'éventualité de choisir un maire d'origine musulmane, probablement parce qu'ils sauraient à qui ils ont affaire. Mais 68 % font la sourde oreille quand on leur parle de partis ou de syndicats se référant à l'islam. La laïcité et la République seraient alors en jeu.

Bref, ce qui aurait pu être considéré comme une éruption allergique, interprété comme une réaction passionnelle à tel ou tel événement ici ou à l'étranger

– attentats, élimination de Khaled Kelkal impliqué dans les attentats de l'été 1995 en France, guerre civile en Algérie, 11 Septembre aux Etats-Unis –, est devenu constitutif de la société française. L'inquiétude atteint même un stade dangereux depuis les meurtres perpétrés par Mohamed Merah. Symboliquement, il est vrai, ils portaient le sceau d'une haine parfaite : contre les musulmans impies ou infidèles, contre les juifs et contre la France.

L'idéologie dominante prétend que cette inquiétude plus ou moins sourde est infondée ou artificielle, le symptôme de la dépression collective, voire d'une grave paranoïa, ou la marque d'une obsession raciste. Bref, elle serait l'apanage de malades ou de salauds, quand ce n'est pas les deux à la fois. Certains le sont. Mais fourrer tout le monde dans le même sac c'est étouffer sciemment un souci national. Comme l'écrivait François Mitterrand, orfèvre en la matière, dans *L'Abeille et l'Architecte*[1] : « Dans les épreuves décisives, on ne franchit correctement l'obstacle que de face. » En ce sens, il est irresponsable de tromper le peuple sur l'inadaptation actuelle de l'islam à la laïcité,

1. François Mitterrand, *L'Abeille et l'Architecte*, Flammarion, 1978.

de tourner le dos à des dizaines de millions de Français. De faire jouer en eux tous les ressorts de la honte et de la culpabilité, de les injurier ou de les clouer au pilori quand ils tentent d'ouvrir la bouche pour évoquer leur désarroi, lorsqu'ils cherchent simplement à alerter contre les assauts dont ils se sentent l'objet.

Véronique Genest a fait les frais de cette intolérance bien malgré elle. Une illustration impeccable. Personnalité populaire, elle incarne depuis vingt ans Julie Lescaut dans un feuilleton télévisé. Qu'a-t-elle osé poster en septembre 2012 sur son compte Twitter ! « L'islam est dangereux pour la démocratie et en fait la démonstration tous les jours. » Elle aurait pu l'écrire autrement : « Sur cette planète, dans quel pays musulman règne la démocratie ? » Pour tout esprit sain la réponse s'impose : ils se comptent sur les doigts d'une main. Mais la foudre est tombée sur Genest ! Internautes déchaînés, journalistes scandalisés, Yann Barthès sur Canal la faisant passer pour raciste, tout juste si elle ne méritait pas la prison où – pourquoi pas ? – elle aurait pu être convertie à l'islam. Et Mathieu Kassovitz, réalisateur de *La Haine*, de la prendre violemment à partie, tendance sexiste prétentieux, donneur de leçons.

Sauf que, sur certaines radios, les auditeurs ont pris la parole pour manifester leur soulagement, en ont profité pour soutenir la commissaire qui disait tout haut ce que, eux, ne pouvaient pas formuler, contraints de se taire par la bien-pensance. L'actrice, quand même un peu surprise par tant d'hostilité, ne s'est pas laissé impressionner. Sur NRJ12, chez Jean-Marc Morandini[1], elle est venue s'expliquer avec tranquillité. Répondant à une question : « Islamophobe, c'est la peur de l'islam ?... Alors peut-être effectivement que je suis islamophobe. Je fais mon coming out, je le suis comme beaucoup de Français... La peur, elle peut venir ou d'une méconnaissance de quelque chose – le noir, parce qu'on ne sait pas tout d'un coup où on est –, ou alors elle vient d'une expérience, ou de choses que l'on voit et d'un danger que l'on sent. » Coming out, en vient à dire Genest pour exprimer somme toute une banale opinion. Il n'y a pas si longtemps, le coming out était le choix des homosexuels et des transsexuels pour sortir de la discrétion imposée, voire du secret auxquels ils étaient contraints, pour défendre leurs droits. Tandis qu'ils sont désormais entrés par la grande porte

1. Emission quotidienne « Vous êtes en direct » du 17 septembre 2012.

à la Chambre, comme on disait avant 1958, pour pouvoir se marier et adopter, une actrice exprimant une majorité silencieuse est renvoyée dans sa niche parce qu'elle s'inquiète de la montée d'une religion. Dans le quotidien *Le Parisien*[1], Véronique Genest s'est étonnée : « Je ne comprends pas l'agressivité que je déclenche. Bien sûr que je parle des extrémistes. Mais je vois les infos, les appels à rétablir la charia, les foules en liesse dans la rue, parfois, quand il y a des attentats. Alors oui, l'islam me fait peur. J'aimerais être rassurée[2]. »

Est-ce la faute aux médias, cette peur ? Incontestablement, les unes et les temps d'antenne qui sont consacrés d'une façon ou d'une autre aux musulmans sont énormes. Pas dénués d'arrière-pensées,

1. *Le Parisien* du 18 septembre 2012.

2. Six mois plus tard, Genest s'est littéralement fait abattre dans l'émission « On n'est pas couché » sur France 2. Fourvoyée dans la politique, comme tant d'autres artistes, journalistes et animateurs, elle venait de se déclarer suppléante pour la législative partielle de la 8e circonscription des Français de l'étranger de Jonathan Simon-Sellem, un Franco-Israélien de droite, si méfiant à l'égard de la France qu'il a choisi de vivre en Israël. De plus, Genest s'est montrée ignare. Mais les arguments employés contre elle, le ton et les sentiments qui les portaient étaient des plus suspects.

notamment commerciales. Qui vend dîne. Dans l'info, cette omniprésence de l'islam, de ses ambitions politiques, du terrorisme salafiste entretient sans aucun doute l'anxiété générale. Mais elle répond aussi à un besoin. Quand les lecteurs, les téléspectateurs, les auditeurs et les internautes n'aiment pas, ils désertent. Sous peine de s'étioler, les médias doivent à la fois garder un sens rigoureux de leur responsabilité et aller à la rencontre du public, traiter de sujets qui l'intéressent vraiment, le font rêver. Ou le préoccupent, comme c'est le cas avec l'islam. Les audiences des chaînes de télévision et les chiffres de vente des journaux à chaque moment fort d'une « actualité islam » parlent d'eux-mêmes. Record pour BFM par exemple lors de l'assaut contre Mohamed Merah, après que ce jeune jihadiste français eut tué sept fois au nom d'Allah ; record pour *Le Point* avec ses couvertures « L'islam sans gêne », et « Viande halal : la nouvelle guerre de religion ». Malgré ses excès, cette couverture médiatique relève moins de l'obsession personnelle de tel ou tel directeur que du réalisme. L'un des plus grands patrons de presse français du demi-siècle, Pierre Lazareff, inventeur de *France Soir*, du *JDD*, de *Télé 7 Jours* et de la légendaire émission « Cinq colonnes à la une », avait donné une leçon de journalisme au président d'Air France qui lui reprochait, après un accident d'avion particulièrement dramatique, d'avoir porté préjudice à la compagnie aérienne dans son quotidien : « Cher ami… faites-moi de petits accidents et je vous ferai de petites unes ! »

C'est là que le bât blesse. Les Français, peuple très politique à l'esprit curieux, regardent, observent le monde en direct sur toutes sortes d'écrans, se connectent les uns aux autres, échangent et se racontent à travers les réseaux sociaux. Les événements, les scènes, les témoignages qui leur reviennent du monde musulman, sunnite ou chiite, africain, moyen-oriental, turc, asiatique sont-ils susceptibles de les apaiser ? Pas certain. Ils éprouvent sur le sujet des émotions et des sentiments élémentaires et, s'ils ne connaissent pas les subtilités des dossiers, ils ont du bon sens. Ils se forgent une conviction avec ce qu'ils ont sous le nez.

Or, ils voient de nombreuses guerres civiles enflammant plusieurs continents, des islamistes attaquant leurs propres coreligionnaires jugés pervertis ; des maquis où crapahutent des hommes enturbannés et barbus au regard allumé, armes à la main, qui dynamitent, violent, égorgent ; des pays entièrement assis sur le fondamentalisme où sévit une folie rigoriste qui conduit à lapider les femmes adultères, à couper la main des voleurs supposés, à proscrire l'alcool, le cinéma, les divertissements et la musique ; des pays qui maintiennent l'esclavage et punissent de mort ou de prison les convertis ; des multitudes exaltées criant en général vengeance contre l'Occident, capables de se déchaîner partout comme une ola macabre, du jour au lendemain, contre des caricatures de Mahomet publiées à Copenhague ou à Paris par *Charlie Hebdo* ; envahissant les rues pour appeler à la mort de celui ou celle qui enfreint la loi islamique ou conteste le Coran ; des villes entières sous la terreur ; des femmes et des filles cloîtrées chez elles et, dehors, sous le niqab et même la burka ; des minorités religieuses, chrétiennes notamment, persécutées et chassées, leurs lieux de culte ou de pèlerinage abattus ; des œuvres magnifiques détruites jusqu'à la dernière pierre. Les Français ont bien entendu le discours de Ratisbonne de Benoît XVI, en septembre 2006, sur les religions et la violence. Dénonçant le jihad, le pape y rapportait les propos d'un empereur byzantin lors d'un échange avec un Persan cultivé : « Montre-moi donc ce que Mahomet a apporté de nouveau, et tu y trouveras seulement des choses mauvaises et inhumaines, comme son mandat de diffuser par l'épée la foi qu'il prêchait…

Dieu n'apprécie pas le sang… ne pas agir selon la raison, *sun logô*, est contraire à la nature de Dieu. » Et quand le Point.fr demande à ses lecteurs par sondage interactif ce qu'ils attendent en priorité du nouveau pape François, la réponse claque, significative sinon représentative. Sur 11 805 votants le 18 mars 2013, à peine le questionnaire mis en ligne, 41 % d'entre eux mettent très largement en priorité qu'il « soit un rempart efficace et déterminé contre la montée de l'islam. » Les Français entendent aussi que l'Iran et ses ayatollahs veulent à tout prix posséder le nucléaire, son président, Mahmoud Ahmadinejad, la destruction pure et simple d'Israël. L'Inde étant à la mode, ils retiennent qu'elle est aux prises à l'intérieur avec une forte minorité musulmane de plus en plus intégriste qui commet des attentats meurtriers. Quant à l'Afrique tout entière, l'islam s'en empare peu à peu. Partout aussi les attentats portent la signature des islamistes avec toujours les mêmes images de décombres, de sang et les milliers de victimes innocentes, sans parler du 11 Septembre, traumatisme déterminant. En France même, on a oublié les 80 actes terroristes perpétrés entre 1979 et 1987 par Action directe, groupuscule anarcho-communiste, et les attentats particulièrement meurtriers commandités par Carlos de 1974 à 1983. Pourquoi ? Parce que, depuis vingt-cinq ans

– une génération –, cette violence est l'œuvre exclusive de musulmans. Par qui sont détenus les otages français, les uns après les autres, et quinze[1] encore aujourd'hui ? Par des musulmans. Si la France a refusé à juste titre de s'engager dans un conflit en Irak, où a-t-elle dû envoyer ses soldats pour défendre à la fois ses intérêts et ses valeurs ? Dans des pays musulmans.

Et puis, il y a eu la révolution arabe en 2011. Son influence, quoique souterraine, compte beaucoup dans l'état d'esprit national. Les Français, dont 1789 fait partie du patrimoine génétique, ne se sont pas seulement réjouis de voir tomber des dictateurs ou des présidents autoritaires sous la houle irrésistible de peuples qui se libéraient. Ils ont également applaudi, malgré les dépenses militaires ainsi inconsidérément engagées par gros temps de crise, lorsque Nicolas Sarkozy a décidé d'abattre Mouammar Kadhafi et réussi à faire passer son expédition pour de l'humanitarisme en utilisant génialement un Bernard-Henri Lévy exalté comme bouclier éthique. Les Français, comme les autres Européens, ont transposé sur les pays arabes les mécanismes d'une histoire qui n'est

1. La famille Moulin-Fournier, trois adultes et quatre enfants, a été enlevée dans le nord du Cameroun le 19 février 2013.

pas la leur. Salazar, Franco, beaucoup de leaders communistes d'Europe centrale et de l'Est avaient peu ou prou laissé la place à des démocraties. Les Français ont donc cru que cette révolution serait l'avènement d'un nouveau monde libre, à leur porte, autour de la Méditerranée. Ils l'ont d'autant plus cru que de vrais démocrates, hommes et femmes, participaient, fous d'espoir, à ces mouvements. Et que de désespérants « experts » en erreurs leur ont vendu, de plateau télé en studio radio, un conte de fées qui cachait un cauchemar. Tunisie, Libye, Egypte, Syrie, on connaît la suite. Prise de pouvoir ou montée en puissance des Frères musulmans, poussée des salafistes, charia par-ci, charia par-là, de l'Atlantique au golfe d'Aden.

Rien d'étonnant dès lors que l'islam ait une image absolument désastreuse auprès des Français. Ils lui reprochent fortement de ne pas être porteur de tout ce à quoi ils sont, eux, viscéralement attachés après des siècles d'enfantement. Démocratie, protection de la femme, justice, liberté et tolérance en particulier. Leur opinion là-dessus n'est même pas balancée. Non, vraiment, ils ne discernent rien de tout ça dans cette religion. En revanche, le rejet des valeurs occidentales, le fanatisme, la soumission et la violence, alors là oui ! Et pas d'énormes différences de jugement entre ruraux et citadins, jeunes et vieux, pratiquants ou pas, croyants ou athées, de droite ou de gauche, riches ou pauvres. Opinion généralement partagée. Sans appel.

A ce tableau peu réjouissant, il convient d'ajouter une donnée de poids dans l'inconscient collectif : le nombre. Même si les Français ignorent le chiffre exact de musulmans dans le monde, ils savent qu'il est imposant. Près de 1,6 milliard. L'islam a incontestablement le vent en poupe. Les musulmans sont aujourd'hui plus nombreux que les catholiques sur la planète. En France, l'islam est désormais la deuxième religion, bientôt la première pour la fréquentation des lieux de culte. La démographie est ainsi devenue à son tour un des éléments de l'angoisse française. « Et si un jour ils étaient plus nombreux que nous ? » Cette phrase court dans les conversations. Sous d'autres formes encore : « Ils vont tous nous bouffer ! », et « Si on ne fait rien, on va dans le mur avec eux ! ». En général suivent les estimations les plus fantaisistes, 9 millions, non 10, mais non 11, 12 ! Faites vos jeux ! Il n'est pas rare non plus, pour pimenter la chose, que l'on vous annonce pour 2030 ou 2050 une France qui sera devenue à majorité musulmane, sans se soucier un instant de l'impossibilité mathématique d'une telle absurde prophétie. Sauf si chaque Française musulmane fait quinze, vingt enfants pendant les vingt, trente prochaines années… Or, quoiqu'elles soient plus fécondes aujourd'hui que les autres Françaises, elles se rapprochent peu à peu de la norme. Mais combien sont-ils vraiment les musulmans ? Environ 5 millions d'après la démographe Michèle Tribalat et des organismes sérieux comme l'Ined (Institut national d'études démographiques) et le Pew Research Center (*think tank* américain). Recoupant dix ans d'études et de sondages, l'IFOP parle de 5,8 millions. Probablement 7 millions, pas loin de 10 % de la population. Il est difficile d'affiner puisque les statistiques ethniques et religieuses n'ont pas droit de cité officiellement. L'absence de données rigoureuses empêche d'avoir un tableau exact des réalités sociétales. Cette incertitude scientifique ouvre évidemment la porte à tous les délires. En particulier à celui d'une islamisation totale de la France, vouée à se transformer à terme en un Etat islamique appliquant la charia. Il est iconoclaste de réclamer la fin du secret et de l'interdiction. Une nécessité politique pourtant.

La visibilité des musulmans est dès lors un facteur aggravant pour la majorité silencieuse. Dans leur existence d'ici et de maintenant, en Ile-de-France, de Lille et Roubaix à Marseille et Toulouse, de Nantes et du Havre à Lyon et Grenoble, les gens savent ce qu'ils vivent, ou ce que vivent leurs proches. La métamorphose progressive et inéluctable de leur environnement par la présence musulmane n'est pas une vue de leur esprit malin. Aussi doctes que soient les sociologues et savantes leurs études, ils ne peuvent les convaincre qu'ils rêvent. Personne ne réussit à leur faire croire qu'ils sont dans le mythe. La réalité est coriace. Elle résiste.

Il n'y pas que le foulard et le niqab. Marine Le Pen joue sur du velours quand elle dénonce les prières de rue, les trottoirs et le macadam privatisés dans tant de villes le vendredi matin par des hommes agenouillés qui lancent des *Allah* ou *Akbar*, comme ils le font ailleurs en cri de guerre, bloquent la circulation et les piétons sans que la police intervienne alors qu'elle se déploie en force pour quelques dizaines de manifestants. Dans les entreprises, les exigences cultuelles vont croissant et posent des problèmes de plus en plus aigus. Au point que les règlements intérieurs contraignants se multiplient, comme à la RATP, ainsi que les colloques sur ce thème. La revendication halal, tout le devient, qui fait prospérer les hommes d'affaires choque, elle aussi. Quand la mairie du Havre donne l'ordre de jeter à la poubelle plus de 8 000 crèmes au chocolat destinées aux cantines parce qu'elles contiennent de la gélatine de porc, les Français ne peuvent s'empêcher de penser que quelque chose est en train de dérailler. Même chose lorsque, au moment de Noël, des familles musulmanes font pression pour que le Père Noël soit interdit de visite dans une école sous prétexte qu'il est un symbole chrétien, ce qui est inexact, et le Christ un prophète secondaire dans le Coran. Ou qu'un gamin de trois ans prénommé Jihad arrive en classe avec un tee-shirt « Je suis une bombe ». Les Français n'ont pas envie de sauter dessus.

Mais cette crainte sourde qui les habite ne les aveugle pas. Ils savent faire le tri. Une bonne preuve nous en est fournie par le top 50 de leurs personnalités préférées. C'est le genre de document à remettre les idées en place. Méthode éprouvée, croisement de deux notions – la sympathie et l'influence – permettent d'éviter l'effet de mode et de « dégager une liste d'icônes profondément inscrites dans le paysage mental des Français. Ce miroir fournit aussi une indication des tendances profondes de la société », souligne le *JDD* du 30 décembre 2012. Il y a vingt-cinq ans, précisément quand commençait à poindre cette préoccupation de l'islam, l'abbé Pierre et le commandant Jacques-Yves Cousteau se disputaient la première place, et pour longtemps. Ils représentaient une certaine France « blanche ». Avant de s'effacer devant Zinedine Zidane, franco-algérien, et David Douillet. Puis Yannick Noah, métis adulé, qui a trôné jusqu'à cette année. Gad Elmaleh, français juif du Maroc, le précède désormais ; Jamel Debbouze, l'Arabe franco-marocain, le talonne. Et, au sommet, Omar Sy. Plus black que black, un Peul magnifique, joie et drôlerie, un rire qui dévore la vie. Et musulman… Sa mère est mauritanienne, son père sénégalais, de cette région d'Afrique sahélienne d'où l'armée française cherche à éradiquer les jihadistes, tous deux pratiquants comme leur fils. Un gars de banlieue, Trappes, vivant dans un appartement trop petit pour une famille trop grande, dans une cité de trafics et de bandes où, avec ses copains Debbouze et Nicolas Anelka, il a connu « des moments durs et violents[1] », avant d'en sortir marié mixte à une Française normande avec qui il a quatre enfants, et de gagner les plus belles récompenses pour un

1. http://www.afriquemagazine.com/cplus/article/interview-exclusive-omar-sy-pas-envie-d-etre-recupere-par-les-politiques-ou-les-religieux/1/2/61

acteur. « Je suis pratiquant mais je n'aime pas trop en parler… Je n'ai pas envie d'être récupéré par les politiques ou les religieux. Je ne me cache pas, je n'ai pas honte. Oui, je suis musulman, mais je n'ai pas envie de débattre là-dessus. Je n'ai pas envie de dire ce que ça m'apporte. Je suis comme ça, je suis tout ça. Sans militantisme. Surtout pas. Chacun dit un peu son avis, fait de la propagande, incite, pousse. Moi j'ai grandi dans l'islam, mais mon père ne m'a jamais poussé à faire quoi que ce soit. J'ai fait mon petit marché, je suis libre, et je n'ai pas envie d'aller dans la propagande. D'ailleurs, je suis toujours gêné, en tant que croyant, quand les gens font de la propagande. Je n'ai pas envie d'envoyer cette image-là[1]. » On ne sait donc pas ce que pense vraiment Sy, s'il partage ou pas certains des points de vue pas franchement sympathiques de Debbouze (voir p. 194). Mais les Français adorent son histoire. Ils plébiscitent la *success story*, un homme talentueux et discret. Tout simplement : voilà l'idée qu'ils se font du modèle républicain.

Au fond, leur grande trouille vient de ce qu'ils n'ont pas de réponse à la question suivante : lequel, de Merah, de Médine ou de Sy, préfigure

1. *Idem.*

les rapports que l'ensemble des Français adeptes de l'islam, religion prosélyte à vocation communautaire mondialiste, entretiendront avec la République laïque ? Ils se sont réveillés un jour pas si lointain avec la gueule de bois : il leur a fallu renoncer à l'idée, bien hypothétique d'ailleurs, qu'il suffisait de renvoyer les musulmans dans leur pays d'origine. Ce qui reste théoriquement possible pour des immigrés, et eux seulement. Car les autres sont français, et pas d'aujourd'hui. Que l'étranger musulman devienne un compatriote, de plus en criant gare avec une ardeur grandissante, c'est une révolution culturelle. En l'occurrence, cultuelle aussi. Quelle angoisse à la perspective que ces Français puissent importer, surtout vouloir imposer à la « douce France », l'ensemble de ces mœurs, de ces modes de vie, de ces structures politico-religieuses qui font tant de désastres ailleurs ! La réislamisation ou l'islamisation se font toujours par le bas et répondent à un scénario immuable : les femmes, les enfants, les mosquées, les associations et les médias. Les Français redoutent qu'il soit à l'œuvre.

Au commencement les femmes, toujours…

Elle se méfie, Fatiha. Quarante ans, née au Maroc, arrivée très jeune en France, toujours célibataire, elle fait du nettoyage de bureaux et vit dans une cité de Grenoble ni tout à fait tranquille ni tout à fait violente. Elle a accepté de bavarder à condition de ne révéler ni son vrai prénom ni le nom de son quartier. « S'ils me reconnaissent, je vais avoir des ennuis chez moi. » *Ils ?* « Les jeunes qui font la drogue, les vols, qui cassent les boîtes aux lettres, les voitures, tout… et qui font la prière en même temps. La moitié vont à la mosquée d'à côté. C'est les mêmes tous ceux-là ! » Elle hausse les épaules, résignée. *Ennuis ?* « Eh ! vous faites quelque chose qui leur plaît pas, ils savent ; tout de suite il y a un avertissement, rien que le bac à fleurs sur le palier, vous le retrouvez en mille morceaux le lendemain matin, alors vous comprenez que vous avez soi-disant fait quelque chose contre eux, c'est-à-dire contre leurs trafics, et contre l'islam… On parle, on se fait tuer ! Mais moi, je suis une vraie musulmane ! Il y a la religion et ceux qui en rajoutent ! »

Fatiha, qui ne manque pas de caractère, fait dans l'équilibrisme. Elle porte le voile dès qu'elle quitte la cité proprement dite pour aller *dehors*. Dehors, c'est Grenoble. « Je suis une croyante. Une femme musulmane doit porter le voile dans la rue, dans l'autobus, par amour d'Allah ! » Mais elle l'ôte chez ses employeurs : « Je respecte mes clients, les gens chez qui je vais travailler, c'est normal. » Elle met aussi un point d'honneur – son espace de liberté intime – à ne pas se couvrir dans sa cour d'immeuble, contrairement à ses sœurs, toutes mariées. « Dans ma cité, on est cinq seulement à ne pas le mettre. Toutes mes voisines du bled qui ont un certain âge le portent à chaque minute. Toutes les jeunes aussi, mais les filles, elles mettent surtout le niqab, de plus en plus. Il y a la pression sur elles pour ça, mais après elles ont souvent l'air d'être d'accord. Comme je ne suis pas mariée, c'est encore plus mal vu que j'aie la tête nue même entre nous dans la cité, pourtant elles savent qu'après je mets mon voile. Faut voir comme elles me regardent !

Comme si j'étais une prostituée ! L'autre jour, à une fête, elles m'ont pas quittée des yeux de tout l'après-midi, on aurait dit que j'étais une sauvage. » Fatiha, prise entre les hommes qui font le système et les femmes qui le reproduisent. « Oui, bien sûr, je me sens mal, bien sûr j'ai peur d'une certaine façon. Alors dans l'escalier, je dis bonjour, bonsoir les yeux baissés, poliment – je suis polie vous savez –, à tous ceux que je croise, les hommes, les femmes, les vieux, les jeunes, même les enfants ! Mais je ne parle pas à personne. Je ne veux pas d'histoires ! »

Fatiha a commencé la prière en 1989, du temps « où les femmes faisaient n'importe quoi ». Elle aimait aller à la mosquée, prendre la douche avec le brouhaha qui traversait la porte close puis se recueillir sur les tapis épais. Mais un de ses frères, « le Coran c'est ses yeux, à celui-là ! », lui a démontré que dans le livre sacré il est dit que la femme doit prier à la maison. Elle a obtempéré. Elle n'apprécie pas le terme. Plutôt, parce qu'elle est pieuse, elle a été convaincue. Puis, elle a obéi à un autre frère resté au Maroc. Indigné de la voir en maillot de bain sur une plage là-bas, il lui a fait la leçon jour après jour pendant toutes ses vacances. Elle commettait un grave péché à se montrer « nue » : « Il m'a dit que j'étais impure de me montrer comme ça, qu'un homme qui me regardait se détournait d'Allah, qu'il ne ferait plus la prière. Il avait raison. Je ne suis plus jamais allée à la plage, je ne me suis plus jamais remise en maillot. » Quand elle est chez elle, Fatiha regarde assidûment les émissions religieuses sur MBC, elle écoute, des questions plein la tête, les commentaires du Coran par toutes sortes de prêcheurs exaltés, et elle se divertit sur StukTV, sa seule distraction dans l'existence. Elle n'a aucune vie sexuelle. Pour ne plus risquer un manquement. Elle a tellement « peur d'Allah et de son jugement » ! Il lui faut des conseils. Dans la vraie vie, pas sur un écran de télé.

Pour les trouver, car tout ça la tracasse beaucoup, Fatiha s'éloigne de sa cité et se rend par le bus 33 à Saint-Martin-d'Hères, en lisière de Grenoble. Elle ignore que cette bourgade abritait résistants et maquisards lors la Seconde Guerre mondiale. Elle passe sans y faire attention devant une grande stèle grise en bordure d'avenue qui porte une centaine de noms de ces héros dont celui d'un des plus glorieux, Marius Didier-Roudon. C'était il y a soixante-dix ans. Une éternité. Aujourd'hui, la municipalité communiste de la ville en partie musulmane achève la construction d'une deuxième mosquée. Mais Fatiha aime l'imam qui officie déjà à Saint-Martin, son maître de conduite, elle lui sera fidèle. « Il est venu en France pour faire des études, un doctorat, il n'a pas réussi, c'est comme ça qu'il est devenu imam. Il sait parler aux jeunes qui font la prière, lui. Ceux qui le suivent sont dans le droit chemin. Des fois, il les insulte. » *Insulte ?* : « Oui, il leur dit : Honte sur vous d'avoir honte de l'islam ! » Dès qu'elle a un doute sur l'attitude à adopter, Fatiha va le voir dans le magasin d'alimentation dont il est propriétaire, avenue de Poitiers. « Pour le décolleté, j'ai compris toute seule. L'été, je ne porte plus que des chemises à manches courtes. Mais je ne savais pas si je pouvais me maquiller. L'imam m'a répondu que oui, bien sûr, les femmes le peuvent, ce n'est pas interdit par Allah, mais chez elles seulement, et pour leur mari. » Sinon, c'est *haram*, impur. Elle fumait une petite cigarette de temps à temps. Elle l'a interrogé, il lui a répondu que c'est mauvais pour la santé. Ça a suffi. « Pour le parfum, je ne savais plus ! L'imam m'a expliqué que c'est *haram*. L'homme va se retourner sur toi à cause de ton parfum, tu vas attirer son désir. »

Ainsi que Fatiha le raconte, pour la jeune fille en robe légère qu'elle était alors, 1989 a donc marqué le début de ce long chemin. 1989, une année où tout a basculé pour les musulmanes, françaises en particulier, les filles de la deuxième et de la troisième génération. De là date vraiment leur progressive réislamisation. Toujours, partout dans le monde islamique, c'est par les femmes que le mouvement s'amorce et perdure. Non seulement les maris les gardent ainsi pour leur usage exclusif, mais elles sont la meilleure garantie que les enfants seront de « vrais » musulmans. En quelques phrases, l'imam français islamiste Hassan Iquioussen l'explique fort bien dans une de ses conférences : « Si vous éloignez la femme musulmane de sa religion, vous avez éloigné les musulmans de l'islam, car la femme est la moitié de la communauté et c'est elle qui éduque les enfants. Vous tuez la femme, vous avez tué les hommes. Donc, ils [les Français] s'attaquent à l'essentiel, notre bijou, notre joyau. Beaucoup de nos femmes sont tombées dedans [la séduction et les tentations de la société laïque], à nous d'être à la hauteur en expliquant l'islam à nos sœurs[1]. » Désespérante ironie du sort : cette réislamisation des femmes immigrées et de leurs filles et petites-filles françaises correspond au moment historique où les

1. http://islamineurope.unblog.fr/2012/10/23/conference-de-hassan-iquioussen-a-la-grande-mosquee-ar-rahma. Voir toutes les conférences, très instructives, de Iquioussen sur YouTube et Dailymotion.

féministes pensaient avoir obtenu en vingt ans, de combat en combat, de pilule en IVG en passant par l'égalité salariale et tant d'autres droits, un bouleversement du statut de toutes les femmes, la liberté.

Celles et ceux qui ont trente ans aujourd'hui, ne parlons même pas des jeunes de vingt ans, n'ont aucune idée du coup de tonnerre que ce fut, de la stupeur générale. Un peuple bouche bée. En juillet, nous avions commémoré le bicentenaire de la Révolution de 1789 par une débauche de festivités, c'était gai, heureux même. Nous étions convaincus que, deux cents ans après tant de soubresauts et d'effroyables tragédies, la République laïque atteignait sa maturité. Liberté, égalité, fraternité descendaient des frontons pour se promener dans la rue. Chacun était un pote, chaque différence respectée, nous mettions la dernière touche à notre arche de Noé qui voguait vers l'intégration. Après les vacances, la rentrée de septembre s'était bien passée. La nation vaquait à ses occupations, tout en gardant un œil passionné sur le Mur dont elle entendait les dernières lézardes craquer à Berlin. Il s'écroulerait en effet quelques semaines plus tard. On sentait d'ores et déjà une légèreté dans l'air du temps : l'ennemi communiste avait rendu gorge, la guerre froide serait bientôt mise au congélateur, l'ère des dictateurs marxistes s'achevait. Chaque lopin d'Europe allait retrouver son nom, ses racines, ses frontières, un avenir ; et ses communautés mêlées : la paix… C'était sûr, une vaste entente cordiale se substituerait très vite au monde manichéen et violent qui s'effondrait. Tout à cet émerveillement et à sa naïve quiétude sur tous les fronts, la France a donc été totalement prise de court quand, en octobre 1989, Dieu lui est retombé sur la tête.

A Creil, dans une zone d'éducation prioritaire. Pas le dieu des chrétiens, mais Allah. Il se manifeste alors à travers trois élèves de treize et quatorze ans du collège Gabriel-Havez. Soudainement, Fatima, Leïla et Samira se mettent à venir en cours avec un hidjab sur la tête. Elles sont croyantes, expliquent-elles, elles se doivent d'être pudiques, c'est la volonté d'Allah telle qu'il l'a exprimée par son Messager dans le Coran. Une audace inédite dans cet établissement où une discipline plutôt rigoureuse permet de maintenir une certaine paix. Ernest Chénière, principal musclé, membre du RPR tendance droite – il deviendra député du parti gaulliste – et laïc convaincu n'a aucune intention de laisser faire. Il dirige un collège où se côtoient 25 nationalités et 850 élèves, dont 500 appartiennent à des familles musulmanes. S'il ne réagit pas tout de suite, c'est fichu. Après des négociations serrées avec les parents, marocains pour les deux premières, tunisiens pour la troisième, il obtient satisfaction au grand soulagement des profs et des politiques. Les trois filles retireront leur couvre-chef en classe. Et puis, le 8 octobre, à la surprise générale, le contrat moral est rompu. Revirement. Elles refusent de nouveau de l'ôter et n'en démordent plus. Chénière prend alors une décision rarissime : l'exclusion pour motif religieux. Un motif très particulier, il est vrai. Pour lui, le hidjab est à la fois un signe de soumission contraire à notre philosophie et un étendard guerrier irrecevable. Il est absolument convaincu que les pères de ces élèves, peut-être même derrière eux un imam, ont fait pression pour que les gamines le portent et que, dès le début ou très vite, des organisations intégristes musulmanes ont manipulé ces familles, saisi l'opportunité de faire plier l'école publique, laïque et obligatoire.

Le « foulard » est une bombe. Son entrée sur la scène française, apocalyptique. On découvre, éberlués, que Creil n'est pas un cas isolé. Ici et là, d'autres établissements connaissent les mêmes problèmes, mais, motus et bouche cousue, chaque chef d'établissement s'était débrouillé tout seul dans son coin, sans en référer au rectorat, en général en fermant les yeux. S'il y a autant de filles en hidjabs, qu'est-ce que ça signifie ? Une revendication religieuse tout d'un coup, chez nous ? D'où ça sort ? Concerté ? Par qui ? Et en plus, voilà les maires de Marseille et de Lyon qui parlent maintenant de faire construire une mosquée dans leur ville à la demande des musulmans ! Des centaines, voire des milliers d'articles, d'éditoriaux, d'émissions, de débats sont consacrés à l'affaire et à ses lourdes conséquences, avec, au cœur, toutes les interrogations et toutes les positions concernant la laïcité confrontée au religieux conquérant. La violence des affrontements que déclenche l'exclusion des trois élèves est inouïe. La société politique et la société médiatique réagissent comme un patient à qui le dentiste dévitaliserait par surprise une dent sans l'endormir. Les Français ne sont pas en reste et traversent une longue période de dîners qui fâchent. Hormis les organisations islamistes qui vitupèrent et défilent en petit nombre pour réclamer le droit au foulard à l'école, l'ensemble des musulmans, français ou immigrés, préfèrent quant à eux se taire. Un silence complexe, à multiples significations. D'abord, la peur vis-à-vis de la société française majoritaire : « Ce genre de choses, ça attire l'attention sur nous, ça nous met tous dans le même sac, c'est pas bon pour nous ! » Puis la solidarité indéfectible avec la communauté des croyants quand l'islam est « attaqué ». Et encore, la satisfaction réelle des parents, des amis, des voisins quand les filles montrent pudeur et respect dans la voie d'Allah, ce qui est quand même bien mieux que d'aller traîner en jean moulant cigarette au bec. Enfin, la peur des voyous qui tiennent les cités. Le même silence toujours aussi étourdissant, en 2013, à propos de la libération du Mali et de la chasse aux jihadistes maffieux qui détiennent nos otages…

Les musulmans pratiquants, celles et ceux qui sont simplement de culture ou d'origine musulmane, n'en suivent pas moins de très près les événements. Ils savent pertinemment ce que signifie le hidjab de Creil. Ce que les musulmans peuvent ou ne peuvent pas se permettre dans une France dissociée de Dieu où ils forment une minorité mais dont leurs enfants sont des citoyens ; ce qu'ils voudraient conquérir et les résistances que leur oppose cette démocratie avec laquelle ils sont mal à l'aise ; la place qui sera la leur en tant que croyants. L'enjeu est déterminant. Une immense responsabilité échoit donc aux socialistes en cette fin d'année 1989. Ils ont tous les pouvoirs après la seconde élection de François Mitterrand, ils vont devoir trancher. Sur l'exclusion, et sur le port du foulard.

De leur décision dépendra la réaffirmation du modèle français, à nul autre pareil dans le monde. Ou une forme de renoncement. L'affaire touche à l'identité nationale, c'est peu de dire qu'elle est délicate. Seulement voilà, à gauche tout n'est que dissonances et divergences jusqu'au sommet de l'Etat, dans le gouvernement de Michel Rocard et le PS dirigé par Pierre Mauroy. Les divisions atteignent un niveau rare, à la hauteur du défi.

Le Nouvel Observateur est à cette époque à la fois le plus brillant théâtre et le meilleur miroir des clivages à l'œuvre. L'hebdomadaire joue dans cette affaire un rôle considérable. Militant, acteur majeur des victoires de la gauche, fer de lance de toutes les conquêtes féministes, promoteur de toutes les réformes sociétales, *L'Obs* s'engage avec la passion qui signe son tempérament journalistique. Pas un jour, pas une conférence de rédaction, pas un déjeuner sans empoignades. Cette ardeur se retrouve dans ses unes. Jean Daniel se situe sur sa hauteur favorite : au-dessus de la mêlée. Laïc s'il en est, il refuse pourtant de souscrire à l'exclusion. Les autres se divisent en deux camps. D'un côté, Jacques Julliard, Laurent Joffrin et tous ceux qui sont partisans d'une laïcité fortement reconfirmée. Ils défendent une école lieu de neutralité, creuset de la mixité sociale et de l'assimilation, où le savoir a droit de cité, pas les croyances religieuses qui relèvent de la vie privée. Ils craignent qu'après le hidjab les cours de gymnastique ne soient boycottés à cause des shorts, les disciplines scientifiques ou la théorie de l'évolution de Darwin parce qu'elles ne figurent pas dans le Coran. L'exclusion est un mal nécessaire. De l'autre, les partisans d'une laïcité sérieusement reconsidérée, plus ouverte sur l'évolution sociale. Eduqués au « il est interdit d'interdire », ils sont sensibles au respect absolu des différences culturelles et pour beaucoup fidèles enthousiastes de SOS Racisme : Harlem Désir qui préside le mouvement est farouchement opposé à l'interdiction, alors qu'aujourd'hui, patron du PS, il se prononce pour un élargissement de la loi. Ils ne voient ni en quoi les filles qui portent un foulard perturbent les cours et les profs, ni pourquoi accepter ce voile serait mettre la main dans un fatal engrenage. La laïcité doit évoluer, tenir compte de la France telle qu'elle est. Exclure Fatima, Leïla et Samira serait un acte attentatoire aux droits de l'enfant. De fait, pensent-ils, un acte antimaghrébin qui n'ose pas dire son nom.

Ils partagent la ligne de Lionel Jospin, le ministre de l'Education nationale, ministre d'Etat. Le numéro deux du gouvernement est perclus de rhumatismes idéologiques entre défense de la laïcité et antiracisme. Or le hidjab le met en porte-à-faux sur ces deux points doctrinaux. Il doit pourtant s'exprimer vite pour mettre un terme à la cacophonie générale. Il va le faire dans *Le Nouvel Observateur*. Puisque je couvre l'affaire pour le journal, je suis chargée de l'entretien. Jospin m'appellera pour le préparer et fixer une heure de rendez-vous. Il le fait le dimanche matin, en sortant de l'Elysée où il a rencontré Mitterrand à ce sujet. Une conversation dure s'engage entre nous. Jospin développe les grandes lignes de ce que contiendra l'interview. En vérité, dit-il, on fait beaucoup d'histoires pour pas grand-chose. Il convient de privilégier le dialogue avec les parents et les enfants pour les convaincre de renoncer au port du foulard. Alors, si les discussions échouent, la scolarité de l'enfant est prioritaire, il faut l'accepter comme il se présente.

Tout cela me paraît a-islamisé. J'évoque brièvement en réponse mes reportages en Algérie. Dès 1985, j'y avais décelé une montée fondamentaliste. Cet intégrisme consistait d'abord à couvrir les femmes et les filles, et j'avais recueilli les témoignages de nombre d'entre elles. J'avais d'ailleurs eu beaucoup de difficultés à faire passer dans *L'Obs* un article intitulé « L'Algérie entre le rock et le

Coran[1] », tant il paraît impossible que le pays du FLN tombe dans l'obscurantisme d'Allah. J'ajoute qu'une longue fréquentation du Proche et du Moyen-Orient me démontre à l'époque que cette même poussée islamiste est à l'œuvre partout, avec toujours les femmes en premières victimes. Je soutiens au ministre que le hidjab n'est pas un simple bout de tissu. Il porte la signature de l'intégrisme musulman. Il n'y a qu'à voir les organisations qui sont derrière, à commencer par l'UOIF (Union des organisations islamiques de France), affiliée aux Frères musulmans. Non seulement cet intégrisme est un adversaire résolu des droits des femmes, mais il est aussi l'ennemi déterminé de la laïcité, de la France, de l'Occident. Je termine en soulignant mon étonnement : n'est-il pas choquant que des parents utilisent ainsi leurs propres enfants à des fins politico-religieuses ? Qui ne respectent pas l'enfant ? Jospin est surpris d'abord, puis agacé qu'une journaliste de *L'Obs* discute et réponde à chacun de ses arguments. Comme tout ex-trotskiste, il a la tolérance rigide. Alors, pour en finir, il me lance cette phrase inoubliable : « Et qu'est-ce que vous voulez que ça me fasse que la France s'islamise ? »

1. *Le Nouvel Observateur* du 9 août 1985.

Cinq intellectuels de poids vont se dresser contre Jospin dans *Le Nouvel Observateur* : Elisabeth Badinter, Régis Debray, Alain Finkielkraut, Elisabeth de Fontenay et Catherine Kintzler. Comme en réponse à son propos que j'ai bien sûr rapporté, ils publient un manifeste d'une extrême virulence qu'ils signent sous le titre : « Profs, ne capitulons pas[1] ». Ce texte est un des grands écrits de la lutte laïque. En 1989, il pose, et de quelle façon !, toute la problématique d'une France à la croisée des chemins, l'islam étant au centre du carrefour.

« L'avenir dira si l'année du bicentenaire aura vu le Munich de l'école républicaine… Une exclusion n'est discriminatoire que lorsqu'elle vise celui ou celle qui a respecté les règles en vigueur dans un établissement. Lorsqu'elle touche l'élève qui a enfreint les règles en vigueur, elle est disciplinaire… La confusion actuelle entre discipline et discrimination ruine la discipline… Négocier, comme vous le faites, en annonçant que l'on va céder, cela porte un nom : capituler. Une telle "diplomatie" ne fait qu'enhardir ceux-là même qu'elle se propose d'amadouer… N'avez-vous pas désavoué l'autorité des professeurs et des chefs d'établissement

1. Manifeste paru dans *Le Nouvel Observateur* du 2 au 8 novembre 1989.

en donnant l'impression que vous identifiez automatiquement l'exclusion au racisme ?... Le droit à la différence qui vous est si cher n'est une liberté que si elle est assortie du droit d'être différent de sa différence. Dans le cas contraire, c'est un piège, voire un esclavage... Tolérer le foulard islamique, ce n'est pas accueillir un être libre (en l'occurrence une jeune fille), c'est ouvrir la porte à ceux qui ont décidé, une fois pour toutes et sans discussion, de lui faire plier l'échine. Au lieu d'offrir à cette jeune fille un espace de liberté, vous lui signifiez qu'il n'y a pas de différence entre l'école et la maison de son père... En autorisant *de facto* le foulard islamique, symbole de la soumission féminine, vous donnez un blanc-seing aux pères et aux frères, c'est-à-dire au patriarcat le plus dur de la planète. En dernier ressort, ce n'est plus le respect de l'égalité des sexes et du libre arbitre qui fait loi en France. D'une seule phrase, vous avez désarmé ces milliers de jeunes musulmanes qui se battent ici et là pour leur dignité et leur liberté. Leur plus sûr allié contre l'autoritarisme des pères était l'école laïque et républicaine. Aujourd'hui, elles l'ont perdu. Vous avez fait un marché de dupes, Monsieur le ministre, en échangeant la libération et l'intégration, certaines et constatables, des jeunes filles musulmanes contre l'espoir hypothétique d'un retour à la tolérance des intégristes, par définition ennemis de la tolérance... Neutralité n'est pas passivité, ni liberté simple tolérance... La laïcité a toujours été un rapport de forces. Est-ce au moment où les religions sont de nouveau en appétit de combat qu'il faut abandonner ce que vous appelez la "laïcité de combat" au profit des bons sentiments ? La laïcité est et demeure par principe une bataille, comme le sont l'école publique, la République et la liberté elle-même. Leur survie nous impose à tous une discipline, des sacrifices et un peu de courage. Personne, nulle part, ne défend la citoyenneté en baissant les bras avec bienveillance... »

Une bonne partie des socialistes souscrivent à cette analyse et le font savoir. A gauche, les divisions s'aggravent donc. Le Front national, qui a pris rang dans le spectre politique grâce à Mitterrand, attend en embuscade. C'est le moment ou jamais de le renvoyer dans les cordes au lieu de se laisser piéger par Jean-Marie Le Pen par incapacité à trancher. Et Jospin apporte sa réponse politique... : pour ne pas endosser la responsabilité de la décision et parce qu'il connaît déjà l'avis qui sera rendu, il va saisir le Conseil d'Etat sur la question du port de signes religieux à l'école. La réponse de l'institution stipulera que s'ils ne sont pas ostentatoires, ces signes ne sont pas incompatibles avec la bonne marche des collèges et lycées. Les « Sages » laissent aux chefs d'établissement le soin et la liberté de décider ce qui est ostentatoire ou ce qui ne l'est pas, ce qui revient à les laisser trancher seuls sur l'exclusion, sans aucune directive sur laquelle s'appuyer.

C'est un désastre, le triomphe de l'ambiguïté et de la lâcheté. Dans la brèche ainsi ouverte vont s'engouffrer les organisations musulmanes et leurs relais dans les quartiers et les cités. Elles font pression sur les familles : il faut couvrir la tête de leurs filles et les envoyer en cours avec le hidjab. Quand une exclusion est prononcée, elles portent l'affaire devant les tribunaux et bien sûr financent le procès. Or, dans plus de la moitié des cas, la justice casse la décision prise par les proviseurs avec le soutien des professeurs et donne raison aux plaignants musulmans. Les maîtres républicains sont ainsi bel et bien désavoués au profit des intégristes. Par la grâce du ministre de l'Education nationale, le système scolaire est plongé dans l'incohérence, voire l'anarchie. Les hidjabs prolifèrent. Avec progressivement d'autres revendications et s'étendant aux hôpitaux, à l'ensemble des services publics, jusqu'aux entreprises, comme le redoutaient les « liberticides ».

Durant toute la décennie 90, les femmes vont être la cible et l'instrument de la poussée islamiste en France, profitant de la faiblesse manifestée par le politique. Faiblesse d'autant plus incompréhensible que ce qui se passe en Algérie pendant cette période devrait amener une prise de conscience. De plus, la majorité des immigrés, et surtout la majorité de la deuxième génération, sont des Français d'origine algérienne qui suivent les « événements ». Une guerre civile dont les femmes sont à la fois les actrices et les victimes. A Alger, l'armée a interrompu le processus électoral et privé le Front islamique du salut de sa victoire dans les urnes. Les exactions antérieures du FIS et son programme laissaient craindre l'instauration de la charia. L'interruption débouche sur un affrontement barbare. Tandis que le leader du FIS, Abassi Madani, martèle comme un fou que « la femme est une fabrique de musulmans », des centaines, sans doute des milliers de filles et de femmes sont vitriolées ou décapitées par les intégristes quand elles refusent de se couvrir d'un hidjab. Leurs têtes sont exposées pour l'exemple le long des routes. « Le voile, c'est notre étoile jaune », alerte Khalida Messaoudi, jeune féministe algérienne objet d'une fatwa, qui devient la figure de proue de la lutte contre l'islamisme à Alger et à Paris[1]. Dans un livre publié en 1995, *Une Algérienne debout*[2], best-seller pendant un an dont Idir a fait une chanson, à travers une multitude d'émissions phares, de débats, de conférences, elle explique avec une force particulière de quoi il retourne. Nulle mieux qu'elle, avec une économie de mots qui les rendent d'autant plus assassins, ne décortique la violence extrême des islamistes, leur rapport malade au sexe, au désir, leur peur des femmes, leur enfermement mental. « Ne croyez surtout pas, dit-elle en substance aux Français, que le foulard est une affaire vestimentaire anecdotique ! Derrière, il y a la polygamie, la répudiation, les mariages forcés. N'écoutez pas tous ces barbus qui cherchent, ici en France, à vous convaincre que le voile est dicté par la religion et que c'est un colifichet ! Femme musulmane et laïque, fille de Voltaire et d'Averroès, je vous mets en garde : ils veulent vous imposer leur dictature religieuse, un fascisme vert[3] ! »

1. Khalida Toumi, elle a repris son nom de jeune fille, est devenue en 2002 ministre de la Culture du gouvernement algérien sous la présidence d'Abdelaziz Bouteflika.

2. Khalida Messaoudi, *Une Algérienne debout*, entretiens avec Elisabeth Schemla, Flammarion, 1995.

3. Résumé de propos tenus à la télévision ou lors de conférences.

Ce n'est pas l'avis des socialistes algériens, membres de l'Internationale socialiste, proches amis de tant de responsables du PS, en particulier de Lionel Jospin… nommé Premier ministre en 1997. Signe de la schizophrénie de la gauche : peu après son arrivée à Matignon, le même homme qui a maltraité la laïcité, abandonné les jeunes musulmanes, laissé entrouverte la porte aux intégristes et qui ne bougera pas le petit doigt sur ce terrain jusqu'à ce qu'il se fasse rejeter par les électeurs, y compris de gauche, fait voter une loi pour inscrire dans la Constitution la parité hommes-femmes, ce qui sera accompli un an plus tard.

Mais quelle est l'efficacité de cette parité constitutionnelle et quelles mesures concrètes adopter pour réparer les dégâts commis pendant ces treize années 1989-2002 – dont onze de gouvernement de gauche ? L'avenir de la nouvelle génération de filles qui arrive à l'âge de la majorité est alors sur la sellette. Jacques Chirac, enfin seul à bord, inquiet, prend une batterie de mesures. Non sans difficultés et réticences, y compris dans son propre camp. Ses décisions vont mettre en lumière un état des lieux dramatique. Contrairement à tout ce que prétendaient les adulateurs inconsidérés de la tolérance et de la diversité culturelle, la preuve va être apportée que partout en France nombre de ces musulmanes sont sous la pression des intégristes. En effet, ce sont eux et bien eux, avec l'UOIF et la Fédération des musulmans de France, qui l'emportent haut la main, en 2003, lors de la première élection historique des représentants officiels de « l'islam français ». Or, pour cette création du Conseil français du culte musulman, le ministère de l'Intérieur et des Cultes a pris comme critère de référence près de 1 300 mosquées, clandestines pour la plupart à cette époque, qui révèlent l'étendue du maillage islamiste sur le territoire national.

Dans la foulée, Chirac installe la Commission Stasi, chargée de rendre un rapport sur l'application du principe de laïcité dans la République. Elle doit entendre pour cela une pléiade d'acteurs de la vie publique, bien sûr des musulmanes aussi. Originalité : 100 des 140 auditions seront retransmises pendant trois mois en direct sur FR3. Bel exercice pédagogique. Les Français peuvent se faire une idée correcte. Constat bouleversant : la laïcité prend eau de toutes parts. Allant de pair, les violences à l'égard des femmes issues de familles musulmanes, des plus softs au plus extrêmes, se sont généralisées dans les banlieues, les cités et les quartiers. En gros, partout où l'on a mis à l'écart au fil des décennies, avec une parfaite bonne conscience, les immigrés et les Français issus de l'immigration, de plus en plus ghettoïsés. Il faut d'urgence installer un garde-fou législatif : c'est chose faite en 2004 avec la loi sur la restriction du port de signes religieux dans les écoles. Au moins sert-elle de bouclier pour le reste de la société. Elle ne règle rien sur le fond pour les « territoires perdus de la République ».

Le travail de « Ni putes ni soumises » en témoigne. De quoi parle l'association longtemps menée par Fadela Amara, si ce n'est de l'islam ? Au nom de quoi, si ce n'est de l'islam, les dévoiements sont-ils commis ? Les objectifs de « Ni putes ni soumises » sont clairs : lutter contre les traditions qui enferment les femmes, les atteintes à la mixité, les pressions pour porter le voile, les pressions pour arrêter l'école, les pressions pour se marier tôt sans pouvoir choisir librement son mari – c'est d'ailleurs le sort réservé ensuite à Fatima[1], l'une des trois élèves de Creil –, les pressions pour empêcher les filles d'assister aux cours d'éducation sexuelle, de biologie, les pressions pour séparer les femmes et les hommes dans les lieux publics et les piscines – à Lille, Martine Aubry y a cédé avant de faire marche arrière… –, les pressions patriarcales empêchant les femmes de disposer librement de leur corps

1. Lire www.lexpress.fr/actualité/société/religion/creil-terre-de-mission_496200.html

et de leur vie, l'homophobie – les musulmanes lesbiennes ont une vie encore plus angoissante que les gays musulmans –, les obscurantismes et le relativisme culturel, le droit à la différence mué en différences des droits qui pénalisent particulièrement les femmes. Utile, très utile, mais insuffisant.

La droite n'est pas arrivée par simple humeur ou calcul à vouloir en 2010 une loi sur la burka, étendue de fait au niqab. Il est archi-faux, proprement scandaleux, de prétendre que cette impénétrable camisole noire, cette prison de tissu, ne concerne que deux cents ou trois cents femmes en France. Il est dommage que les organisations féministes n'aient jamais demandé à un Olivier Besancenot qui hurle à la « loi islamophobe et liberticide », aux commentateurs, sociologues, islamologues, politiciens qui en font autant, de se livrer à une expérience : vivre ne serait-ce qu'une journée entière sous niqab ou burka. Ces tenues, expression d'une radicalité extrême, sont imposées là où règne leur loi par les salafistes. Jusqu'ici, on ne les a pas combattus. Il faudrait ensuite conseiller aux mêmes orfraies de faire une virée dans les périphéries de nos villes. En commençant par Roubaix, cité très pauvre en passe de devenir à majorité musulmane. L'intégrisme y fait florès. En 1994, un imam islamiste

« modéré » et ses acolytes avaient torturé et tué dans la mosquée de la rue Archimède la jeune Louisa Lardjoune, dix-neuf ans, possédée par le démon selon eux, lors d'une séance d'exorcisme[1]. Aujourd'hui, le trésorier de la mosquée Abu Bakr, Rachid Ghassen, jean, polo à rayures et veste de daim, y vante la lapidation des femmes adultères. On peut l'entendre sur YouTube dans l'excellent documentaire *Qui a peur de l'islam ?*[2] : « La lapidation, moi je serais pour dans un pays musulman, je dis oui… bien sûr… c'est la loi divine. Si la France devient un jour un pays musulman, la loi divine s'applique !… c'est la charia qui devra prendre le truc. Et alors ?… » Ghassen est impuni à ce jour pour tenir de tels propos.

En 2013, le paysage est plus complexe encore. Hidjab et niqab peuvent être une protection dans les cités contre les agressions des caïds et des bandes, les viols et les « tournantes », car les hommes ne touchent pas à une « sœur ». Mais ils sont aussi devenus les attributs d'un islam identitaire. C'est

1. Pour plus de détails http://www.liberation.fr/france/0101217106-a-la-chasse-au-demon-l-imam-a-tue-louisa-il-est-juge-a-douai-pour-la-mort-d-une-jeune-fille-apres-un-exorcisme

2. http://www.youtube.com/watch?v=Rlvm1r0Jjf8

ainsi que beaucoup de filles le portent et le revendiquent. On peut toujours discuter avec elles de la part de liberté et de la part d'influence qui a présidé à leur choix, elles répondent « liberté » avec la même tranquillité que celles qui se « piercinguent ». Elles sont tout aussi branchées qu'elles. Elles font « leurs » magasins de mode, y compris sur Internet où des sites marchands leur proposent hidjab, niqab en tous tissus et modèles, produits de beauté halal ; elles échangent par petites annonces comme celle-ci : « Je suis une sœur voilée et donc je cherche *inch Allah* une sœur coiffeuse à domicile professionnelle et à prix raisonnable. Est-il possible de passer du châtain foncé à un blond foncé miel en une seule fois ? Sinon je cherche à me refaire un dégradé simplement. *Jazak Allahu kheir.* » De fait, beaucoup surprennent leur propre famille. Les parents avouent que parfois leurs enfants leur échappent.

Les flics peuvent être d'excellents observateurs de cette évolution. C'est le cas de ces deux interlocuteurs : un inspecteur, une commissaire. Ils sont en poste dans une ville du Sud-Ouest où ils sont confrontés à tous ces problèmes. Longtemps, l'un et l'autre, en fonction à Paris et dans la couronne, ils ont les cartes en main pour comparer et anticiper. Ils préfèrent rester anonymes. « Les filles se réislamisent ou s'islamisent souvent par rébellion, à la puberté. Comme toutes les ados, elles ont besoin de s'affirmer contre. Avant, les jeunes se révoltaient contre leurs pères, leurs mères et la société, en étant communistes, maoïstes, gauchistes. Rien de différent avec ces jeunes. Il leur faut se construire en adhérant aussi à quelque chose. Toutes les idéologies ayant disparu, l'islam leur apporte cette réponse. On dirait que pour elles, par rapport à leurs mères qui ont quarante ou cinquante ans et sont plus laïcisées, c'est ou l'occidentalisation ou l'islam. Nous nous en faisons souvent la remarque. On note également une grande différence entre les filles et les garçons. Elles parlent beaucoup plus de foi, d'itinéraire religieux, on voit que c'est réfléchi, volontaire, plus intellectuel. Les gars sont basiques, brutaux, des petits voyous d'une grande pauvreté intellectuelle. » A cela, la commissaire ajoute : « Elles sont porteuses fondamentalement d'un islam d'opposition. Dès que nous avons affaire à elles, très vite, elles tiennent les mêmes propos anti-France. Elles sont en rupture. C'est frappant. »

Quand on les interroge sur le comportement qu'ils adoptent face au niqab et à la burka, la réponse de ces flics est édifiante. C'est peu de dire qu'ils sont dans l'embarras : « On a tiré la leçon des trois premiers cas où nous sommes intervenus. La première fois, un de nos collègues a fait du zèle, une initiative personnelle, il est allé arrêter une femme en burka à la sortie de la mosquée ! Ça a failli très mal tourner. Les deux autres fois, c'était une femme au volant et une autre dans une entreprise. Chaque fois, on a eu l'impression que la verbalisée n'attendait que ça, et ça s'est mal passé. Finalement, est-ce qu'on est là, nous, flics, pour créer du trouble supplémentaire ? Franchement, en matière de sécurité publique, on fait des priorités : d'abord le routier, ensuite la drogue et les trafiquants de tout poil. Le port du niqab ou de la burka, malgré la loi, ça vient en dernier. Sans état d'âme. » D'autant qu'ils en ont : « Vous comprenez, ça nous met mal à l'aise cette histoire. On nous demande d'infliger des contraventions à ces femmes-là. On demande à une police républicaine de pruner des gens pour leurs convictions. C'est pas évident... »

On rencontre le même malaise dans les associations de quartier. A La Villeneuve, dans la banlieue de Grenoble où l'islam fondamentaliste progresse à la vitesse TGV, comme tout à côté à Echirolles. En quelques années, ces quartiers ont été sous les projecteurs à de nombreuses reprises : une caméra volée à un journaliste qui a servi à des milliers de kilomètres de là à l'assassinat du commandant Massoud en Afghanistan, des émeutes, la mort de plusieurs jeunes gens. Sans parler du sauvetage d'un groupe d'hommes en sandales pris par la neige dans la montagne alentour, et qui se sont révélés être un commando de salafistes à l'entraînement ! Sur tout cela, soit on n'ose pas souligner la relation avec l'islam, soit on fait silence. Concernant les femmes, une responsable associative fait entendre exactement le même son de cloche que les policiers : « La ville nous a demandé d'expliquer la loi. Je l'ai fait à quatre reprises à des femmes qui ne voulaient rien entendre. C'est très désagréable. J'en viens à délivrer un message d'exclusion. Nous en avons discuté avec mes collègues. Nous sommes tous choqués par cette burka. Je ne peux pas entrer en relation malgré toute ma bonne volonté avec une femme sans visage. Mais je ne nous vois pas non plus partir en croisade contre ces femmes qui ont aussi vraiment besoin de services sociaux. Il faut arriver à dialoguer, dialoguer, jusqu'à convaincre, c'est beaucoup de temps et d'énergie[1]. »

Le problème n'est évidemment pas qu'il y ait un nombre grandissant de jeunes musulmanes

1. Entretien avec l'auteur du 8 novembre 2012.

pratiquantes. Elles sont de plus en plus nombreuses à faire le Ramadan, à jeûner, à aller à la prière du vendredi. Et alors ? Chacun sa foi, s'il en a une. Ce sont les signes extérieurs de cette croyance, ou plutôt leur signification, leur revendication agressive d'un ordre différent qui font débat dans la République. Ces pratiquantes-là ne semblent pas comprendre, admettre que la foi peut se vivre sereinement sans rien imposer à quiconque. Un sondage IFOP pour *ELLE* en 2003 – les choses se sont nettement accentuées depuis – révèle chez celles-ci un conservatisme pour le moins, un repli communautaire de mauvais augure, alors que les autres musulmanes vivent à l'unisson de la société. Ainsi, plus de la moitié des pratiquantes sont contre le concubinage, 61 % contre le droit à l'avortement, presque autant contre le contraceptif avant dix-huit ans, 63 % contre les rapports sexuels avant le mariage et 77 % désapprouvent l'homosexualité. Une majorité n'accepterait en aucun cas le mariage de leurs filles avec un non-musulman ou, à tout le moins, si elles devaient s'incliner, reconnaissent que cela poserait un terrible problème familial. En clair : la fille serait exclue.

Si l'on en est là, c'est bien parce qu'un jour lointain des musulmans radicaux ont voulu imposer le foulard. Il est donc fort intéressant d'entendre faire amende honorable un Frère musulman de l'UOIF qui a été pour beaucoup dans l'affaire du foulard. Imam, recteur de la mosquée de Bordeaux et théologien, Tareq Oubrou est certes en totale contradiction avec ce qu'il déclarait il n'y a pas si longtemps encore. Peut-être est-il un fin tacticien. Toujours est-il que depuis plusieurs années, inquiet de la forte poussée salafiste, il fait machine arrière. En 2009, dans *Le Monde* : « Si je voulais être provocateur, je pourrais dire aux femmes : mets ton foulard dans ta poche. Aujourd'hui, je dis que c'est une recommandation implicite qui correspond à une éthique de pudeur du moment coranique. Pour autant, une femme qui ne le met pas ne commet pas de faute. Mais, aujourd'hui, la communauté musulmane est fragile, et s'attache à des adjuvants et à des normes. C'est aberrant de réduire une femme musulmane à son foulard ; c'est de l'ignorance. Le foulard n'est pas un objet cultuel, encore moins un symbole de sacré. En outre, cette visibilité est néfaste car, à long terme, cette pratique pose des problèmes spirituels et psychologiques aux femmes qui veulent étudier ou travailler. Je n'ai pas le droit de tromper ces jeunes filles. Le problème, c'est que lorsqu'elles enlèvent le foulard, elles arrêtent aussi de prier. Cela dit, je crois que chacun est libre de s'habiller comme il veut, de choisir la lecture de l'islam qui lui convient, même si je ne la partage pas[1]. » Il réitère en 2012 dans un ouvrage, *Un imam en colère*[2] : « Que cela plaise ou non, le port du foulard ne fait pas partie des obligations strictement religieuses. Il ne repose sur aucun texte univoque formel. Quant à ceux qui le considèrent comme obligatoire, je les mets au défi de fournir un seul argument stipulant qu'une femme qui ne porte pas le voile commettrait une faute grave [*kabira* dans le Coran]... Le combat que les musulmans ont mené pour le port du voile me désole, parce qu'il donne une image négative de la façon dont l'islam perçoit la femme. »

---

1. *Le Monde* du 15 octobre 2009.
2. Tareq Oubrou, *Un imam en colère*, entretiens avec Samuel Lieven, Bayard, 2012.

L'islam vaut ce que valent ses imams

C'est un foutoir innommable. Dangereux. Avec près de 2 200 lieux de culte recensés et près de 200 projets en construction, l'islam, s'il est à peu près sorti des caves, ne l'est pas pour autant de l'obscurité, voire de l'obscurantisme. Presque toujours, en effet, il est aux mains d'imams et de prédicateurs autoproclamés, la plupart ignares en toutes choses, et d'abord en théologie musulmane. Ils poussent comme des champignons, particulièrement vénéneux quand ils sont salafistes, une espèce en constante augmentation. Or tous ces imams et leurs nombreux adjoints jouent un rôle primordial dans la réislamisation des musulmans et des musulmanes, dans la structuration des enfants et des jeunes, ainsi que dans la radicalisation extrême d'une partie d'entre eux. Quant au Conseil français du culte musulman, émanation représentative de ces hommes et des salles de prière qu'ils dirigent, déchiré par les dissensions, il faillit à sa mission et ne sait toujours pas gérer la deuxième religion de France. Coquille vide, il traverse une crise décisive alors qu'il devrait être plus que jamais l'interlocuteur responsable et respecté de l'Etat.

Evidemment, chacun a sa part de faute. Le pouvoir politique est loin, très loin d'être en reste. Mais, côté cultuel, nous sommes en présence d'un chaos originel où s'entrechoquent toutes les mouvances, toutes les ethnies, tous les intérêts, tous les appétits de pouvoir du monde islamique dans une société française de plus en plus séculière mais dont la laïcité est elle-même bousculée, en pleine mutation. Peut-être le désordre a-t-il atteint un point de non-retour. Peut-être un nouvel ordre sortira-t-il de ce tohu-bohu.

www.trouvetamosquee.fr : sur ce site figurent tous les lieux de culte musulmans de France qui ont pignon sur le Web, par région, puis par ville ou bourg. On y constate qu'il y a en France 90 vraies mosquées[1] de vaste surface avec ou sans

1. Pour comparaison, il y a en France 45 000 églises catholiques, 3 000 temples protestants (dont 1 800 salles évangéliques), 280 synagogues et 150 pagodes ou salles de méditation bouddhistes.

minaret, lesquelles représentent à peine 5 % des lieux de culte. C'est dire si la grande majorité du million et demi environ de musulmans pratiquants qui se rendent à la prière hebdomadaire fréquentent surtout les petites salles dont le nombre total a doublé en vingt-cinq ans : 900 en 1985, 2 278 dont 316 pour Mayotte en 2011.

En cliquant sur les liens, l'internaute peut pénétrer tour à tour dans l'univers propre à chaque mosquée digne de ce nom. Appels de fonds, heures de la prière, calendrier des fêtes, repas gratuits, activités, annonces diverses. Mais aussi des commentaires du Coran, des hadiths, de la sunna ; des liens de référence renvoyant vers des sites ou des commentateurs au Moyen-Orient, en Turquie ou en Afrique surtout, qui s'expriment dans des langues étrangères, dont le discours et son contenu sont par conséquent incompréhensibles sans traduction. On y trouve rarement les prêches du vendredi de l'imam et pas davantage les conférences des invités plus ou moins prestigieux qui sont venus s'exprimer en chaire. Pour connaître la teneur exacte de tout ce qui se dit dans ces 90 mosquées, il faut donc aller chercher ailleurs sur le Net. Un capharnaüm !

Des sites d'extrême droite se sont autodésignés traqueurs de ces documents, prêches ou conférences. Avec un objectif obsessionnel : mettre en lumière un double langage, montrer le « vrai » visage de l'islam derrière la façade conciliante. La prose sent le racisme sous couvert de défense de la laïcité, et la mise en perspective des faits est la plupart du temps biaisée. Il suffit de laisser tout ça de côté. Les tapuscrits, eux, sont fiables. Des liens renvoient systématiquement sur les vidéos incontestables de YouTube ou Dailymotion. Car c'est là que les musulmans concernés mettent en ligne ce qu'ils n'affichent pas sur les sites des mosquées. Ce n'est guère réjouissant mais c'est ainsi : pour qui veut s'instruire sur la réalité islamique, il n'y a pas d'autre base de données que islamineurope.unblog.fr et www.islamisation.fr. Seules ces équipes font une veille qui permet d'avoir un aperçu, sur le long terme et en profondeur, des messages que les autorités cultuelles dispensent. Par conséquent de ce que sont appelés par les clercs à croire, penser, vouloir les musulmans pratiquants. Est-il normal d'en être réduit à chercher là l'info ? Non, bien sûr. Voilà un signe de plus de l'omerta généralisée qui a prévalu jusqu'ici. Si ce n'est pas une omerta, alors c'est une inconscience folle. Sans doute les deux à la fois. A observer Manuel Valls, le premier des ministres de l'Intérieur à vraiment prendre le taureau par les cornes dès sa nomination et sans pression électorale, on voit bien d'ailleurs qu'une panique l'habite, une urgence absolue à faire prendre conscience de l'état des lieux. Sans oser cependant mettre publiquement sur la table ce qu'il sait. Et pour cause.

Ces trois mosquées ne sont pas salafistes. Juste des mosquées normales qui s'inscrivent systématiquement dans « paix et fraternité », ce qui les rend particulièrement intéressantes. Nous voici d'abord à Orly, à tire-d'aile de l'aéroport international, à la Grande Mosquée de l'avenue Cachin. Dans ses murs, des « docteurs » enseignent néanmoins la législation islamique. En clair la charia, interdite en Europe par la Convention européenne des droits de l'homme comme contraire à nos valeurs. Le site de la mosquée détaille cet enseignement, personne n'y voit rien à redire. En 2012, Tariq Ramadan – « le seul en lequel nous nous reconnaissons ici », dit un jeune à la sortie de la prière du vendredi – était reçu avec admiration, écouté pieusement. Plus retors certainement que Marwan Muhammad, accueilli lui en août 2011 pour disserter sur le thème : « La crise financière, un accident ou une faille dans le système ? » Ecoutons-le à la fin d'une longue péroraison consultable sur Internet : « Qui a le droit de dire que la France dans trente ou quarante ans ne sera pas un pays musulman ? Qui a le droit ? Personne dans ce pays n'a le droit de nous enlever ça. Personne n'a le droit de nous nier cet espoir-là. De nous nier le droit d'espérer dans une société globale fidèle à l'islam. Personne n'a le droit dans ce pays de définir pour nous ce qu'est l'identité française[1]. » Inconnu en 2011, le même Marwan Muhammad a pris du galon depuis. Le secrétaire général du Comité contre l'islamophobie en France, c'est lui ! A ses yeux, l'islamophobie consiste sans doute à refuser sa vision de l'identité française : cela fait quelques dizaines de millions d'islamophobes en France. Un des aspects du problème que pose l'islam réside dans cet exemple. L'existence incontestable d'actes vraiment islamophobes et leur recensement ne devraient en aucun cas être laissés dans des mains suspectes de francophobie. Le CCIF sous la houlette de Muhammad est une organisation qui a fait une campagne tonitruante à la rentrée 2012 intitulée « La nation c'est nous »... financée pour 35 000 euros par l'Open Society Institute du milliardaire américain ultralibéral Georges Soros, adversaire acharné de l'Europe. Dans cette optique, Soros tente de l'affaiblir

1. Voir : http://islamineurope.unblog.fr/2011/08/04/conference-de-murwan-muhammad-a-la-mosquee-dorly

par tous les moyens, y compris par des études sur les musulmans sans sérieux scientifique, qui tendent à démontrer qu'ils sont des victimes de pays racistes et liberticides. Ce CCIF a d'ailleurs un curieux logo auquel on a peu prêté attention. Les deux différents c sont placés de telle sorte qu'ils forment un S stylisé. Le f, lui, est un vrai sabre. Si bien que l'œil averti lit ce que ses promoteurs veulent signifier, « *sif* », « Le glaive de l'islam » ! Personne ne peut croire à un hasard. Et tous les médias d'ouvrir leurs micros avec compassion au pourfendeur si respectable de l'islamophobie, sans se poser une seule question.

Rendons-nous maintenant, toujours dans la couronne parisienne, à Cergy, dont Valls a inauguré la mosquée en grande pompe au mois de juillet 2012. Lors de son discours[1], il a volontairement empilé poncifs et vœux pieux pour indiquer tout ce que l'islam n'est pas mais devrait être. Cergy, « une belle illustration de ce qui doit se passer dans notre

1. Discours à Cergy du 6 juillet 2012.

pays… ». Et puis : « Le message que porte l'islam, j'en suis convaincu, se nourrit à la fois de tolérance, d'altérité et de solidarité. Ce message est à l'unisson des grandes religions monothéistes qui, au fil des siècles, se sont enracinées dans notre pays. L'islam d'aujourd'hui, et quel beau défi pour la France !, est l'héritier de celui qui, pendant plusieurs siècles, à Cordoue, fut un accélérateur de connaissances, de culture et d'acceptation mutuelle. » Aux côtés de Valls, non pas sept siècles auparavant mais lors de la cérémonie, l'imam Tahar Mahdi. Avant de prendre ses fonctions à Cergy, il a longuement exercé à Argenteuil où, dans certains supermarchés, l'on se croirait à Djeddah, pas une femme autrement qu'en niqab. Mahdi n'est pas un wahhabite, tendance intégriste véhiculée et financée par l'Arabie Saoudite, mais un islamiste quand même. Frère musulman, il est représentant de l'islam français au Conseil européen de la fatwa et de la recherche, dont il est membre. Cette organisation basée en Irlande – placée sous la tutelle de Qaradaoui, violent et haineux maître à penser des Frères – s'est fixé pour mission de faire appliquer partout en Europe la charia, en s'armant de patience, vertu tant vantée par le Coran. Sur le site officiel de la mosquée de Cergy et dans le cadre de cette mission chariaïque, l'imam Tahar Mahdi justifie l'actualité de la loi du talion : « La logique égalitaire et juste » en France, explique-t-il, conduit à appliquer la même analyse à la victime et au meurtrier ; le talion est donc le bon antidote au « laxisme juridique et à la mystification des droits » qui prévalent dans la législation française. On ne peut plus clairement contester notre ordre et notre corpus judiciaire, défendre un modèle que notre histoire a précisément consisté à dépasser. On rétorquera que le œil pour œil, dent pour dent figure dans la Bible. Seulement, qui aujourd'hui, dans le monde judéo-chrétien, pense même à s'en réclamer ? Par ailleurs, comment ne pas y voir de corrélation : Mahdi, ministre du culte d'une des grandes mosquées françaises, propose aussi régulièrement des liens vers des sites à haute densité de violence qui incitent à la haine des juifs et d'Israël. Adroitement, il se garde de dire un mot lui-même là-dessus. Sur ce sujet comme sur tant d'autres aussi sensibles dans la République, les imams et derrière eux beaucoup de musulmans ont adopté le principe de précaution et font du contournement.

Direction Clermont-Ferrand, cette fois-ci. L'imam Hocine Mahdjoub, un Algérien de cinquante-sept ans de l'école soufie, est un homme charismatique à qui les musulmans de la ville doivent l'édification de leur belle mosquée. Il aime répéter que « les actes sans l'âme et le cœur ne sont rien », et ce ne sont pas mots vains chez lui. Avec son équipe, il pratique l'ouverture, le dialogue interreligieux, entretient les meilleures relations avec chrétiens, juifs et bouddhistes. Son équipe travaille sur les grands sujets comme la bioéthique ou l'euthanasie. Pas du goût d'une poignée de salafistes qui ont tenté un putsch contre l'imam en janvier dernier, c'est dire. Mais par ailleurs, la mosquée est très impliquée dans l'offensive halal. On lit sur son site[1] : « Ainsi, il convient de s'interroger, avant de manger un aliment, s'il est halal en soi, mais aussi si les moyens et les conditions de son acquisition, de sa production voire de sa distribution, sont également licites. » Elle n'a l'air de rien cette petite phrase, on pourrait croire qu'elle relève de l'exigence contemporaine du manger sain et de la préoccupation de l'environnement. Elle signifie tout autre chose : amener l'Etat laïc à légiférer afin qu'il détermine précisément ce qui est « pur » et ce qui est « impur », *halal* ou *haram*. Comme dans les pays musulmans où l'islam est religion d'Etat et la charia appliquée. Curieux hasard : en août 2011, huit élus locaux musulmans ont précisément demandé la création d'une commission

1. http://www.mosqueedeclermont.fr/

d'enquête parlementaire pour faire toute la lumière sur le marché du halal. Toujours sur le même sujet : « Le halal englobe, bien au-delà des règles d'ordre culinaire, l'ensemble de nos actes et comportements. C'est une éthique, une traduction dans la vie courante de son obéissance et de son adhésion aux commandements divins. Il s'agit de manger, de boire, de se vêtir mais aussi de travailler, de se marier comme de produire conformément aux lois de Dieu. » A l'ombre de ce principe, et grâce à un marché captif de consommateurs de pureté appelé à se développer, une économie musulmane, ou pas d'ailleurs, prolifère. Bientôt la mozzarella *halal* comme en Italie, et déjà la sandwicherie *halal* qui fait sa pub sur fond de 11 Septembre et d'explosifs[1]. On touche là à un point essentiel. La mosquée, inscrite dans l'ordre républicain, n'entend pas, sinon rompre, du moins moduler le dogme qui impose une séparation du monde en deux catégories, le licite et l'illicite, auquel un musulman ne peut renoncer. Or ce dogme instaure un clivage entre le monde islamique et les autres mondes. En l'occurrence la société française. Cet impératif qui mêle le religieux et le civil vise *ipso facto* à séparer, isoler, à

1. http://www.lespecial-koudou.com/nos-cartes/sandwich/restaurant-halal-le-special.html

enfermer une communauté. *Halal* et *haram* sont les deux piliers d'un mur invisible bien plus difficile à abattre que les murs en dur de l'Histoire. Dès lors, tout ce qui ne se soumet pas à cette vision manichéenne de l'univers et des hommes dictée par un dieu, quiconque la discute ou s'en moque insultent obligatoirement l'islam et les musulmans. C'est ainsi que l'on retrouve Karim Djermani, le tout-puissant secrétaire de la mosquée, en train de s'en prendre sur France 3 aux caricatures de *Charlie Hebdo*. Au nom de cette pureté intouchable.

Tous les imams, un certain nombre très respectables, la plupart douteux, bougent énormément pour dispenser leur parole, bonne ou mauvaise. Depuis qu'ils sont sous la surveillance beaucoup plus active de la police et de ses indicateurs, depuis aussi la création du CFCM (Conseil français du culte musulman) et une certaine respectabilité imposée, les prêcheurs d'un islam de rupture font attention à ne pas marcher hors des clous lors du sermon du vendredi dans leur propre salle de prière. Ces mois derniers, ils ont redoublé de prudence et de vigilance. A cause de quelques expulsions soigneusement médiatisées d'imams qui jusqu'ici étaient épargnés alors qu'ils tiennent au vu et su de tous des propos criminels depuis des années, ainsi celui du 11e arrondissement de Paris qui incitait ses ouailles à « battre à mort » la femme adultère. Pour diffuser leur idéologie, ces imams circulent donc énormément d'une mosquée à l'autre et vont s'adresser à d'autres fidèles qu'aux leurs. Il faut se rendre sur Internet pour suivre leurs mouvements, voir leurs tenues, leurs visages, écouter leurs discours radicaux de fait, et constater combien de banlieues et de villes sont concernées : c'est proprement terrifiant. A titre d'exemple, encore fait-il presque figure de doux, Hassan Iquioussen, Frère musulman, imam radical de la mosquée d'Escaudain, prêcheur vedette des cités dénoncé en 2004 par *L'Humanité* pour son antisémitisme délirant[1]. Il faut écouter son récit de « L'histoire de l'islam en France[2] ». On l'y entend entre autres prédire leur holocauste aux musulmans venus trouver un guide s'ils continuent à ne pas aller voter lors des échéances électorales : « Vous allez vivre sur la touche, et devenir des boucs émissaires. Tous les problèmes de la France, c'est à cause de vous, et on va vous tirer dessus, économiquement, médiatiquement, politiquement, tiens, physiquement ! Qui sait ? Possible dans dix, quinze, vingt, trente ans…

1. *L'Humanité* du 17 janvier 2004.
2. http://www.youtube.com/watch?v=1Itx5TcMBT4

vous ne vous souvenez pas de 39-45 ? Nos cousins, on ne les a pas mis dans des trains[1] ? »

Par ailleurs, les conférenciers, français ou étrangers, invités d'un après-midi ou d'une soirée, ont pris beaucoup d'importance. Ils se démultiplient et, du haut d'une tribune éphémère, ils se chargent du travail d'endoctrinement. Ils viennent du continent, comme Tariq Ramadan, sans aucun doute la pensée totalitaire la plus sophistiquée, la plus insidieuse d'Europe, comme son frère Hani, nettement plus direct, pour qui la « lapidation de la femme est une forme de purification[2] ». Un homme qui enseigne à Lyon depuis 2006 au centre de formation Shâtibî de la librairie Tawhid.

Et puis, à côté des grandes mosquées, il y a la multitude de petites salles de prière référencées, dans lesquelles il n'est guère facile de pénétrer. Quelles phrases sont prononcées, quelles idées

1. Consulter également, pour mieux comprendre les propos tenus par presque tous les imams, l'ensemble des pages concernant Iquioussen sur http://islamineurope.unblog.fr/2012/10/23/conference-de-hassan-iquioussen-a-la-grande-mosquee-ar-rahma

2. Dans *Le Monde* du 20 septembre 2002, « La charia incomprise ».

développées ? Ces locaux, appartements, entrepôts, et leurs imams improvisés sont très loin d'être sous contrôle. D'autres salles, elles, sont toujours clandestines, sous la houlette d'un homme sans aucune qualification théologique qui a simplement décidé, parce que l'imam du coin ne lui plaît pas, par exemple, d'ouvrir sa pièce, et qui m'aime me suive ! Parmi tant de maires confrontés à cette situation, l'UMP Alain Juppé a affaire à Bordeaux, à Grand Parc, à un cas de ce genre : « Nous avons repéré un commerçant qui reçoit dans son appartement au-dessus de sa boutique et prône là un islam incendiaire à 100 personnes environ. Je ne pouvais pas laisser continuer. Les normes de sécurité n'étant pas remplies, un jugement d'expulsion a été prononcé[1]. » Ces salles offrent l'avantage de pouvoir être fermées au gré de leur propriétaire ou de changer d'attribution du jour au lendemain. Il arrive aussi que l'« imam » partage le local avec d'autres utilisateurs, et ni vu ni connu quand arrive la police, ou surtout les huissiers. Le recouvrement constituant l'essentiel de leur profession, ces derniers sont en prise directe avec la réalité sociale crue et nue. Ils fuient les journalistes, qui ne pensent jamais à eux, ils sont pourtant une mine de

1. Entretien avec l'auteur du 16 novembre 2012.

renseignements. Celui-ci raconte comment, il y a un an, il était parti très tôt le matin avec un serrurier pour faire une saisie dans un entrepôt, à Argenteuil. Le propriétaire le louait à une entreprise qui l'avait transformé, en vertu du bail, en une sorte de café brasserie, mais elle ne réglait plus le loyer. Près de 10 000 euros d'impayés. Une fois à l'intérieur du local de 2 000 mètres carrés aux fenêtres aveugles et bouclé à triple tour, les deux hommes ont eu du mal à en croire leurs yeux. Il y avait certes un petit espace café avec distributeur, quelques chaises et un billard. Mais surtout, devant eux, 500 mètres carrés de tapis de prière sur le sol, un étage pour les femmes, un local pour les ablutions avec douche, une bibliothèque et une école coranique ! On a du mal à penser que le maire d'Argenteuil, Philippe Doucet, secrétaire national du PS, n'ait pas été au courant. Quelle sorte d'islam était dispensée là, si l'on en juge par toutes les difficultés et violences qui agitent les musulmans de la ville ? A Grenoble, cet autre huissier : « Nous intervenons très souvent à la demande des institutionnels du logement, notamment dans les HLM, pour faire libérer des parties communes. La plupart du temps en sous-sol. Ce sont les lieux squattés par les délinquants, où se déroulent les viols, les tournantes, la distribution et la vente de la drogue, et en même temps ce sont encore des lieux de culte, moins fréquentés il est vrai depuis que les mosquées se sont construites. Mais quand nous intervenons le vendredi, nous voyons les gens y venir pour la prière. Il n'y a aucun marqueur dans ces locaux, ils communiquent entre eux, chacun a un trou dans une cloison qui permet de s'échapper, et ensuite un accès direct à l'extérieur[1]. »

Des paroles, et des actes. Il serait trop fastidieux d'énumérer la liste des délits dont peuvent se rendre coupables certains imams ou leurs équipes. On pourrait croire à des comportements isolés commis par des personnalités fragiles. Fragiles et violentes, certainement. Mais en épluchant sur plusieurs années la presse régionale qui se fait toujours l'écho de ces « faits divers » dans un article ou une notule, force est de constater qu'il y a bien un problème. Cela va du détournement de fonds, dénoncé par des membres ou des fidèles des mosquées un peu partout, au plus grave. Inculpation pour tentative de viol en décembre 2012 à Montreuil, en Seine-Saint-Denis, pour un imam africain remplaçant dans une des mosquées de la ville, « en situation irrégulière ». L'imam marocain d'Orange,

1. Entretien avec l'auteur du 5 novembre 2012.

également président de l'association « Lumière de Dieu » qui gère la mosquée, était lui inculpé puis condamné en 2010 pour proxénétisme. Avec ses trois fils de vingt-quatre, trente et un et trente-trois ans, il avait monté un vaste réseau de prostitution de jeunes Marocaines à qui il a fait vivre un calvaire. Il a aussi écopé pour blanchiment d'argent. Et puis, plus anodin mais répandu, la police doit intervenir dans les très nombreuses échauffourées qui se déroulent autour et pour un lieu de culte entre individus d'une même obédience qui se disputent le pouvoir, entre tendances selon le pays d'origine, auxquelles il faut ajouter les tentatives des salafistes pour s'emparer des lieux de culte avec des violences physiques, de plus en plus nombreuses.

On parle toujours de l'islam en général. De fait, cela n'a guère de sens. Nous avons tellement perdu de vue la religion que nous en oublions l'élémentaire : elle vaut ce que valent les ministres du culte. Jésus n'est pas tout à fait de la même espèce que Torquemada, ni Jean XXIII que Borgia ! L'islam n'échappe pas à la règle, il vaut ce que valent ses imams. Chacun s'échine chez les musulmans comme chez les islamophiles et les islamophobes à décortiquer les textes sacrés pour y puiser arguments et preuves à l'appui de sa thèse. Et de sortir telles sourates du Coran pour démontrer que l'islam est une religion de paix, respectueuse de l'étranger, mais non, en voici une autre qui explique bien à quel point il est conquérant, intrinsèquement violent contre l'infidèle. On n'en finit plus de ces batailles de textes, stériles, chacun ayant raison puisque tout et son contraire figurent dans le récit sacré. Exactement comme dans la Bible. Il n'y a rien de plus absurde que cette façon de se cramponner au Coran. Quelle que soit l'intention des uns et des autres, elle relève au sens propre du terme d'un fondamentalisme. L'histoire française, européenne, occidentale est marquée par l'interprétation sans cesse renouvelée des textes, profondément liée aux évolutions sociales et sociétales. Un détachement chaotique, sanglant mais progressif du littéral ; un élan irréversible vers le spirituel, du moins pour les croyants. Au fil des siècles, les peuples provoquent ou accompagnent une adaptation permanente et nécessaire de la religion.

L'affaire aujourd'hui n'est pas tant de savoir s'il faut distinguer islam et islamisme, piège dans lequel nous nous enfermons tous. Cette vision dictée par une peur sourde et néfaste des musulmans repose sur l'idée saugrenue qu'il y aurait un bon islam et un mauvais islam. Comme le christianisme et le judaïsme, l'islam est ce que son clergé et ses fidèles en font. La question est donc plutôt la suivante – hélas, elle est rarement posée, trop réaliste sans doute, trop lourde de conséquences : les 2 052 imams exerçant en France enseignent-ils la lettre de leur religion, un islam cherchant toujours à établir coûte que coûte une société conforme à celle de l'époque et des préceptes de Mahomet ? Ou bien en enseignent-ils l'esprit, un islam inscrit dans un environnement culturel et civilisationnel, celui de la société française du XXIe siècle ? Pour l'instant, la réponse penche nettement du côté de la première option, avec tous les degrés possibles. C'est une tromperie inacceptable de laisser croire que seuls les radicaux salafistes ou turcs sont dans ce cas. Très rares sont les responsables du culte musulman qui font l'effort de prendre en compte le contexte français.

Ce n'est pas près de s'arranger. D'abord, presque tous les imams qui pratiquent en France sont étrangers. Sur 2 052, seulement 400 à 440 – soit 1 sur 5 – sont français. Ils parlent donc mal notre langue et ont souvent les plus grandes difficultés à faire un prêche en français. Gênant quand on s'adresse à des fidèles que l'on est censé guider, à qui l'on devrait permettre, par la qualité du commentaire et la virtuosité linguistique, d'opérer une réconciliation entre des textes extrêmement riches, savants, et la vie réelle dans laquelle ils sont plongés. Les prêcheurs ignorent d'ailleurs à peu près tout de la société française, de son histoire, de ses écrivains, peintres, cinéastes, musiciens, de ses institutions et de son fonctionnement général, hormis celui de la Sécurité sociale. Notre modèle est incompréhensible pour eux. Deux exceptions : certains Maghrébins, en raison de la colonisation et de liens historiques très étroits ; les Turcs, qui savent ce que signifie la laïcité depuis Mustafa Kemal, pour la défendre ou la combattre, ce que font les imams intégristes très dangereux du mouvement Milli Görüs installé en France. Tous ces prêcheurs ne cherchent nullement à combler leurs lacunes. A ce titre déjà, ils constituent un énorme obstacle à l'apaisement entre l'islam et la laïcité. Au lieu d'être les facilitateurs d'une harmonie, ils fabriquent plutôt un surplus de dissonance. Car ils importent aussi leur propre expérience de l'islam. Ils sont d'où ils sont nés, Afrique du Nord et subsaharienne, Proche et Moyen-Orient pour la plupart. Ils peuvent être envoyés par les pouvoirs en place ou arriver de leur propre chef, appelés par leur communauté. Mais, dans tous les cas, ils ont évolué dans des sociétés à majorité si ce n'est entièrement musulmanes, où l'islam est religion d'Etat et la charia appliquée avec plus ou moins de rigueur. Souvent aussi des pays d'où les minorités religieuses ont été chassées par la violence ou sont maltraitées, où un musulman peut être condamné à la prison ou à la mort pour apostasie. Des systèmes politico-religieux qui ignorent la tolérance. Il est logique que, prenant en charge une salle de prière et des fidèles qui sont originaires du même endroit, l'imam cherche à perpétuer un monde clos et paranoïaque, plus encore s'ils sont tous sur la défensive, la société française manifestant une incontestable hostilité.

Ces imams méritent-ils même d'être appelés ainsi ? Pas sûr. Beaucoup sont improvisés, sans compétence, ils ont en main une trousse de bricolage théologique qui sert à rafistoler leurs connaissances défaillantes. Quant à ceux qui sont passés par les universités religieuses d'Arabie Saoudite, du Caire, d'Irak ou de Syrie, ils ont reçu un enseignement classique en langue arabe dans des centres islamiques déconnectés de la modernité, intrinsèquement contestataires de la réalité occidentale, voire en guerre contre elle. On ne dira jamais assez les dégâts faits par le wahhabisme que l'on a laissé infiltrer la communauté musulmane française. Malheureusement, la sortie du tunnel est un mirage. Alors que c'est absolument déterminant pour l'avenir puisque se multiplient les lieux de culte, les organisations musulmanes ne se sont jamais préoccupées, ne se soucient toujours pas de former leurs clercs, même depuis la création du CFCM. Réclamer partout des mosquées pour la légitime dignité du culte, oui, mais le bâtiment seulement. Sauf que, là, quand le bâtiment va, rien ne va. A l'intérieur, presque partout, un désert ! Ce vide professionnel porte en lui tous les germes de la dérive. En tout et pour tout, il n'y a que trois écoles d'imams : celle de la mosquée de Paris sous contrôle exclusif d'Alger ; l'Institut européen des sciences humaines de la Nièvre, d'obédience Frères musulmans sous l'égide de Qaradaoui, une machine à fabriquer du radicalisme, et son antenne à Saint-Denis en région parisienne. L'Institut catholique de Paris accueille quelques imams étrangers depuis 2008, non pas pour leur donner une formation théologique dont il serait bien incapable, mais séculière avec des programmes de culture générale, d'histoire et de droit. Dès lors, une question se pose aux autorités françaises : faut-il créer ou aider à créer une chaire de droit musulman et une faculté de théologie musulmane ?

L'une des raisons pour lesquelles il y a si peu d'imams français ne tient pas à une crise de la vocation comme dans l'Eglise catholique, tant s'en faut. Plutôt au statut de l'imam dans sa communauté. Les fidèles ne roulent pas sur l'or. Ils ne sont d'ailleurs pas à l'image du reste de la population française, ce qui démontre à la fois un sérieux problème d'intégration et une réelle ségrégation. Bien plus de jeunes, presque pas d'agriculteurs, beaucoup moins de cadres et professions libérales, mais nettement plus d'employés ; surtout, une surreprésentation d'ouvriers… et de chômeurs[1]. Un imam caustique, il y en a, dit drôlement que « diriger la prière plusieurs fois par jour à la mosquée, c'est avoir en face de soi les sans-travail et les vieux, ce qui ne contribue pas à élever le niveau ! ». Mentalités – on préfère une sorte de dénuement – et manque d'argent : le job n'est guère attrayant. Beaucoup de travail, d'écoute sociale, guère de deniers. L'imam est très peu rémunéré par les associations, au mieux 1 200 euros par mois. Il lui faut donc aller chercher ailleurs de quoi vivre et faire vivre sa famille. Si bien que la plupart d'entre eux exercent une profession qui n'a rien à voir avec

1. Analyse 1989-2011, « Enquête sur l'implantation de l'islam de France », IFOP pour *La Croix*.

celle qui devrait être la leur et consacrent à la mosquée le temps qu'il leur reste. Là encore, du bricolage. Qui n'est guère propice à l'amélioration continue du savoir théologique, au très utile dialogue interreligieux, à la remise en cause salvatrice de soi-même et du dogme, au questionnement sans lequel il n'y pas de progrès. Certes, on peut et on doit parler de balbutiements, de péché de jeunesse ou de sortie des limbes. Mais ce tableau d'ensemble dont les imams sont la figure centrale, assez peu rassurante, est aussi le fruit d'un bras de fer politique entre l'Etat et cette religion, confrontation sournoise, perverse jusqu'à présent, et dont il ne pouvait rien sortir de bon.

Les mosquées, la loi de 1905, le bal des hypocrites

Une France riche plongée dans un vide religieux. Une société agnostique, athée presque sans le savoir, qui se gorge de plaisirs mais n'a plus de sens. Consommation, technologies, glorification aberrante et mercantile de l'individu, ivresse du moi-je et moi-même. Après, rien ou pas grand-chose. Une société dans laquelle Dieu n'a plus ses quartiers. Quant à ceux qui croient toujours, chrétiens notamment, leur dieu tout-puissant qui a fait l'Histoire a été enterré par les grandes tragédies du XXe siècle. Pour laisser place à un dieu de compassion, sans force. Les rédacteurs de la Constitution européenne n'ont même pas osé écrire que l'Europe avait des racines chrétiennes. « Le mouvement de sécularisation apparu au temps de la Renaissance et des Réformes protestantes a d'abord généré progressivement une séparation entre le théologique et le politique[1] », écrivait Florence Taubmann, pasteur de l'Eglise réformée protestante. Cette mutation a abouti à la loi de séparation des Eglises et de l'Etat de 1905, support institutionnel de la France. « Mais il semble aujourd'hui s'achever par la disparition de Dieu de l'horizon social et culturel... Le Dieu de notre imaginaire de chrétienté, le Dieu qui occupait notre ciel social européen, ce Dieu-là n'est plus vivant. La sécularisation du christianisme a abouti à une déchristianisation spirituelle, en même temps que les valeurs chrétiennes jugées les plus positives telles la charité, la solidarité, la fraternité étaient absorbées par la société civile... » Jusqu'à se transformer à leur tour en un nouveau paysage : l'égalitarisme, le respect absolu de la différence, de la diversité, du multiculturalisme, qui en supprimant références et explications détruisaient insidieusement toute hiérarchie des valeurs. La laïcité, même pas encore centenaire, a dès lors, comme Dieu et en même temps que lui, perdu de sa vigueur. C'est à ce moment précis de la fin du siècle dernier que l'Etat et les maires dans leur cité ont eu à gérer la demande d'islam à ciel ouvert. Avec pour seul instrument la loi de 1905.

1. Proche-orient.info, 14 février 2006.

On a vu à propos de l'affaire du foulard comment les gouvernants de gauche, déstabilisés, ont été ébranlés. Mais ce n'était qu'un « truc en tissu » dont on faisait une montagne, n'est-ce pas ? Quand il s'est agi de la construction des mosquées, tous les élus confondus ont donc été pris par surprise et se sont retrouvés dans un terrible et égal embarras, coincés entre l'hostilité générale de leurs administrés et la revendication d'une communauté qui ne votait même pas. Ces maires n'ont pas tous apporté immédiatement une réponse mais tous y sont finalement venus. Plus vite à gauche, en raison d'une « préférence immigrée » qu'analyse très finement Hervé Algalarrondo[1], plus lentement à droite. Ont été déterminantes les différences de regard, de sentiments collectifs et personnels, d'appréciation politique partisane sur l'immigration. Car il est impossible de dissocier cette dernière du problème que pose l'islam. Cette articulation entre les deux est l'un des plus énormes tabous de la société française. Le constat s'impose pourtant, avant qu'il ne soit trop tard.

La façon dont la récrimination islamique est apparue en 1989, éruptive, agressive, délibérément

1. Hervé Algalarrondo, journaliste au *Nouvel Observateur*, *La Gauche et la Préférence immigrée*, Plon, « Tribune libre », 2011.

en rupture, résulte de l'aveuglement avec lequel nous avons traité et continuons à traiter les immigrés.

De leur côté, de génération en génération, ils entretiennent comme tout un chacun la geste familiale, fruit plutôt amer en l'occurrence de leur histoire avec nous. Ces Maghrébins et ces Africains racontent l'exploitation dont ils ont été victimes sur leur propre terre, sur l'autre rive de la Méditerranée, durant toute la période coloniale ; comment ils ont été aussi de la chair à canon que la France n'a pas hésité à utiliser pour les différents conflits dans lesquels elle était engagée. Sans vergogne même : en Algérie, département français, dans le même temps où elle demandait aux indigènes musulmans de mourir pour la patrie, elle leur refusait la nationalité française. Voilà qui laisse quelques traces et se retrouve, trente ou quarante ans après, dans l'esprit anachroniquement revanchard d'une jeunesse colérique qui invoque Allah, boussole de garçons et filles déboussolés, pour justifier violence et délits. Les grands-parents font également le récit de leur arrivée en France, attirés de plus en plus nombreux par les entreprises publiques ou privées en quête de chair à usine bon marché, mais pour un immigré, comme disait Raymond Devos, « trois fois rien, c'est déjà quelque chose ». C'était le temps où des hommes célibataires hébergés dans de sales foyers Sonacotra, menant une vie très dure loin des leurs et du bled, se faisaient invisibles pour mettre dans un coin leur petit tapis, se tourner vers La Mecque et faire leur prière, jeûnaient pendant le Ramadan sans en parler et sans cesser de turbiner. Un exotisme qui rappelait la colonie, sans conséquence, et il y avait bien du mépris dans ce jugement. S'ils donnaient du fil à retordre, d'ailleurs, c'était seulement dans les syndicats et les mouvements sociaux, preuve de leur « normalisation ».

Tout a changé pour eux quand, à partir de 1976, grâce à Valéry Giscard d'Estaing et Jacques Chirac, président et Premier ministre de droite[1], ils ont pu faire venir leurs familles. Ces immigrés ont fait souche. S'ils n'avaient pas pu être français, leurs enfants, eux, désormais le seraient. Ils se sont enracinés, ont quitté les chambres partagées à dix pour les HLM, loin, à part. Seulement voilà : pendant vingt ans, jusqu'à la fin des années 1990, la classe politique française ne s'est absolument pas souciée de l'aspect cultuel de leur existence. Cette liberté

1. Le 29 avril 1976, le décret 76-383 fixe les conditions d'entrée et de séjour en France des membres des familles des étrangers autorisés à résider en France.

relève de la vie privée. Chacun était convaincu de surcroît que l'assimilation, c'est-à-dire l'adhésion, était inéluctable, comme pour toutes les vagues d'immigration précédentes. « C'est par les jeunes que ça se fera », répétait-on. La sécularisation était au bout du chemin. Alors, victimes de leur esprit laïc mais aussi par commodité, les politiques se sont tout à fait désintéressés de la gestion de l'islam. En fait, un peu plus que ça.

Ils en ont délibérément laissé le soin – financement comme théologie – à des pays étrangers. Soit aux pays d'origine – Algérie, Maroc, Tunisie, Turquie, Mali, Sénégal, Mauritanie ; soit à des pays tiers et riches, fers de lance d'un renouveau islamique après les deux premiers chocs pétroliers – Iran, Pakistan, Koweït, mais bien sûr, surtout, désastreusement, l'Arabie Saoudite. La religion des musulmans, c'était leur affaire, pas celle de la France ! A travers les amicales, en tête l'algérienne, les premiers contrôlaient de près leurs ressortissants, veillaient à garder avec eux un lien organique : ils n'étaient pas des émigrants qui avaient quitté leur terre mais des expats qui rentreraient sur leurs vieux jours à la maison. Il convenait, par orgueil patriotique et esprit de vengeance postcoloniale, d'entretenir à tout prix l'identité nationale dont l'islam est constitutif. Pour les garder intacts dans le formol coranique, un impérieux devoir : les mettre à l'abri de toutes les séductions de la société française, démocratie, liberté des mœurs, athéisme. La mosquée de Paris était le fleuron de cet « islam consulaire ».

Mais ce *statu quo* imposé par des régimes qui haïssent leurs peuples maintenait en France les musulmans dans une pratique dégradante. Or, quand on s'enracine, tôt ou tard, on souhaite ardemment vivre sa foi et suivre son culte comme les autres, sans se cacher. Cesser d'en être gêné, d'en avoir honte. L'humiliation est grande à descendre dans des sous-sols éclairés par une ampoule, sentant la pisse et suintant d'humidité, de se terrer pour adorer son dieu et exprimer sa foi, alors que les chrétiens et les juifs ont leurs églises et leurs temples ! Rien là que de légitime.

Cette aspiration des immigrés et de leurs enfants français à l'oxygène et à la liberté, que n'ont pas comprise les pays d'origine, d'autres puissances, fortes de leur argent et d'une légitimité dogmatique, en ont fait leur miel. Ou plutôt leur cible. A partir de la fin des années 1970, les pétrodollars et le wahhabisme saoudien ont infiltré beaucoup de ces communautés à Paris *intra-muros* et dans toute l'Ile-de-France, formant ainsi autour de la capitale une couronne d'obscurantisme. Ils se sont également installés dans les banlieues de toutes les villes grandes et moyennes. Ils ont envoyé partout des imams électrons libres, des fanatiques que les autorités françaises ont laissés entrer sans aucun problème sur le territoire et y prêcher contre la France. Le mouvement wahhabite a été créé par un théologien saoudien du XVIIIe siècle, Mohammed ben Abdelwahhab, en guerre dans le désert contre tout, le soufisme, le chiisme, les formes les plus diverses du polythéisme. Le prédicateur prônait un retour à l'islam le plus rigoriste, celui de l'Arabie prophétique. D'une délicieuse modernité. A cet obscurantisme, du même tonneau que celui de l'Inquisition catholique, s'est allié en 1744 le salafisme, théologie qui refuse toute lecture rationaliste des textes sacrés. Les deux rejetant bien sûr la démocratie, satanique. Cet islam transnational se moque des frontières et des Etats, se fiche complètement de la couleur de peau, appelle au rassemblement de la communauté des croyants autour d'une norme originelle, de la stricte législation divine. Il a progressivement gangrené une partie des musulmans français ou étrangers. Un pourcentage très important du financement des mosquées en France provient toujours de l'Arabie Saoudite.

De gauche ou de droite, pétrole et vente d'armes obligent, tous les gouvernements qui se sont succédé ont laissé faire : « Nos amis les Saoudiens… » Exactement comme aujourd'hui on a ouvert la porte à « notre ami le Qatar », ce qui prouve bien, PSG inclus, que l'on n'a toujours rien compris. Manuel Valls a raison de dire enfin haut et fort : « J'admets de moins en moins que ce soient des pays tiers, parfois amis, parfois non, qui financent les lieux de culte[1]. » Mais alors, il faut en tirer toutes les conséquences, entre autres en politique étrangère et sur l'application de la loi de 1905.

La seule différence à notre égard entre tous ces pays fabricants de haine certifiée, éventuellement de terrorisme, est d'ordre tactique. Le minuscule émirat du Qatar par exemple, fabuleusement riche grâce à des réserves quasi inépuisables de gaz naturel, lui-même wahhabite, ne veut à aucun prix se laisser avaler par l'Arabie. Il mise donc en France sur le grand courant religieux rival qui s'est implanté avec force à partir de 1983 pour mieux

1. *Le Parisien* du 15 février 2013.

combattre lui aussi les pays d'origine : celui des Frères musulmans. Cette école refuse l'ethnicité du culte. Son objectif n'est pas de revenir au temps mahométan mais de rétablir le califat[1] dont la disparition a causé la perte de l'islam, selon Hassan el-Banna, le fondateur égyptien du mouvement en 1928 et grand-père de Tariq Ramadan. A l'ombre de la bonne conscience laïque des élus français qui avaient le regard ailleurs, les Frères ont pris plus intelligemment en charge les aspirations des « musulmans des caves ». C'est ainsi que l'UOIF qui en est très proche a travaillé souterrainement pendant de nombreuses années. Commc le faisait déjà depuis longtemps, surtout auprès des jeunes des cités, le Tabligh, mouvement piétiste né en Inde à la fin des années 1920, littéraliste mais, lui, apolitique. Il a pour référence la sourate 3 verset 100 du Coran : « Afin que vous deveniez un peuple appelant les autres au bien, ordonnant les bonnes actions et défendant les mauvaises. Les hommes qui agiront ainsi seront bienheureux. »

1. Le califat désigne à la fois le territoire reconnaissant l'autorité d'un calife successeur de Mahomet dans l'exercice politique du pouvoir, et le régime politique de ce calife. C'est à la fin du califat ottoman en 1924, dernier de l'histoire, que Hassan el-Banna fait référence.

Wahhabisme et Frères musulmans ont en commun une vision pyramidale de la conquête religieuse : de la base vers le sommet, d'où l'importance déterminante de leurs organisations et de leurs associations qui font un considérable travail politique, social et éducatif. Avant même l'affaire du foulard qui en était le symptôme, sous l'impulsion de ces différents mouvements, une mutation était ainsi à l'œuvre. Subrepticement, de composante identitaire l'islam était en train de devenir pour beaucoup de musulmans la seule identité. La revendication pressante des mosquées s'est inscrite dans ce contexte.

Disons-le clairement : pour la construction des lieux de culte, quasiment aucun maire ou élu local qui, tout en se gargarisant du mot et en affirmant sa plus grande fidélité à la lettre, ait respecté la laïcité telle que la définit la loi de 1905. Pourquoi ? D'abord parce que l'Etat lui-même a été obligé de donner l'exemple. Pouvait-il agir autrement ? Certainement pas. Il avait affaire à de l'inédit : une religion, prosélyte, installée, deuxième en importance, venant concurrencer des cultes sécularisés depuis longtemps. Il a bien fallu qu'il mette son nez dans l'organisation de la pratique musulmane après le coup de tonnerre de la révolution de 1989, sous peine de laisser aller complètement à la dérive une partie importante de la nation. Dans quel état serait-elle en 2013 si l'Etat s'était tout à fait abstenu ?

Jean-Pierre Chevènement, ministre de l'Intérieur PS, a donc accéléré le processus en signant en 2001 avec les organisations musulmanes une sorte de code de conduite. Il définit les principes et fondements juridiques gouvernant les relations entre les pouvoirs publics et la religion musulmane. Mais quelle ambiguïté et quelle faiblesse républicaine ! Pourquoi donc a-t-il voulu que ce code laïc français porte officiellement un nom arabe, Al Istîchara ? Beaucoup plus grave. Ses interlocuteurs exigeaient et ont obtenu que le renoncement à l'apostasie soit retiré du texte, sous peine de ne pas le signer. Ce qui en dit quand même long sur leur état d'esprit. Une peccadille ? Tiens donc… Qaradaoui, le maître à penser de l'UOIF et des Frères musulmans, le prêcheur star d'Al-Jazeera, vient encore de déclarer : « Si nous abolissions le châtiment pour apostasie, l'islam n'existerait pas aujourd'hui[1]. » Le châtiment : la mort. Cette année, en Egypte, une femme et ses sept enfants peuvent donc s'estimer heureux : ils ont été condamnés à seulement quinze ans de prison pour s'être convertis au christianisme.

1. http://www.youtube.com/watch?v=YMsg4LQM0BI

Plus près de nous, en Algérie, en 2011, un homme a écopé, lui, de cinq ans. En France, les imams peuvent ainsi s'en servir auprès de leurs ouailles dans les mosquées pour empêcher les conversions, et ils ne s'en privent pas. Il y a bel et bien une sorte de « droit » résiduel à l'apostasie. Les successeurs de Chevènement, le socialiste Daniel Vaillant et l'UMP Nicolas Sarkozy, ne sont pas revenus là-dessus. Pas plus pour l'instant que Manuel Valls.

C'est Nicolas Sarkozy qui a finalisé en 2003 le cadre de ces relations entre l'Etat et l'islam avec la création du CFCM. Convaincu comme toujours qu'il allait réussir mieux que les autres, l'ex-maire de Neuilly a célébré avant l'heure un mariage pour tous : islamistes en masse, sortis grands vainqueurs d'une élection au mètre carré des lieux de prière, Mosquée de Paris cooptée pour l'équilibre, un tiers des membres du conseil d'administration nommé par le gouvernement pour mieux contrôler. Une chakchouka, qui devait vite tourner. A vrai dire, le CFCM était exactement à l'image de l'islam que l'on avait laissé s'installer clandestinement depuis vingt ans. Pour la première fois dans l'histoire de la France, cette religion obtenait une reconnaissance et une place officielles. Il le fallait. Mais quel islam archaïque à tout le moins, intégriste souvent !

La gauche était la principale responsable, certes, mais elle était hors circuit en 2003 et pour longtemps.

Le moment était donc béni pour un début de sécularisation. A la clé, pour les organisations musulmanes, une aide déterminante de l'Etat. Sarkozy, qui s'adjugeait là un bel électorat potentiel pour son destin présidentiel, a eu parfaitement raison de vouloir finaliser. Mais il aurait dû exiger tout de suite les conditions non négociables de cette intronisation. Une allégeance à la laïcité, le renoncement à la diffusion de tout ce qui, dans la législation divine, est en contravention avec les lois de la République, le Coran renfermant aussi une infinité de préceptes de fraternité et d'ouverture qui changent la couleur du message ; des imams étrangers parlant obligatoirement français ; un plan décennal de remplacement intégral de ces prêcheurs venus d'ailleurs par des hommes du culte français, et la mise en place d'une formation sous contrat avec l'Etat ou en terre concordataire ; même chose pour les établissements scolaires. Enfin, des plans de financement du millier de mosquées à venir qui excluraient les fonds étrangers. Du donnant-donnant, un esprit de responsabilité. Cela exige du courage politique, l'amour des valeurs de son pays et, osons ce mot grossier, le respect de la patrie. Au lieu de ça, Sarkozy prononce cette phrase qui à sa façon vaut bien celle de Jospin et fait se frotter les mains les fondamentalistes musulmans de tout poil : « Je sais qu'il y a des gens qui aiment les musulmans tant qu'ils les ont choisis parce qu'ils leur ressemblent. Mais si la tolérance c'est seulement dialoguer avec des gens qui sont comme vous, cela atteint rapidement ses limites[1]. » Esprit du temps, quand tu nous tiens… Pire, une fois le CFCM à majorité islamiste installé, exactement comme le Conseil d'Etat avait abandonné à leur sort les chefs d'établissement, Sarkozy laisse les maires et les élus que la décentralisation a rendus très puissants se débrouiller tout seuls. En particulier pour l'édification des lieux de culte. Dalil Boubakeur, ex-président du CFCM et recteur de la Grande Mosquée de Paris, peut dire non sans humour : « Aujourd'hui, les maires sont les premiers bâtisseurs de mosquées. »

Tout se fait à la carte depuis dix ans. Le scénario est toujours le même dans toute la France. Des associations musulmanes locales ou régionales demandent un lieu de culte décent, vraie mosquée

1. Paris, ministère de l'Intérieur, 2003.

ou petit bâtiment, au maire communiste, socialiste, vert, centriste, UMP, et même d'extrême droite. Ce dernier oppose plus ou moins de résistance selon son étiquette politique et son caractère, sa force ou sa fragilité électorale, le degré d'hostilité de ses administrés étranglés par les impôts locaux en hausse constante et qui ne voient pas pourquoi ils paieraient les dizaines, les centaines de milliers, voire les millions de deniers d'un « culte étranger ». Le responsable municipal est contraint d'un autre côté par les besoins légitimes des fidèles d'une religion en pleine vigueur, dont la pratique s'étend sur sa commune. Les exigences, parfois outrancières, ne sont évidemment pas les mêmes à Saint-Denis, à Marseille, Saint-Etienne ou dans un bourg breton, sans parler de Paris, importante ville musulmane. Facile à mettre en place ici, bien plus compliqué là. En général, un casse-tête. Un bras de fer oppose presque toujours les maires et les associations. Au fil du temps, le nombre faisant le vote, le réalisme s'est imposé et les relations se sont faites plus feutrées.

Les maires ont ainsi affiné leur dispositif. S'ils ont pu dans le passé offrir un terrain pour une bouchée de pain, notamment les communistes, désormais, pour respecter un minimum de légalité, ils utilisent surtout le bail emphytéotique de quatre-vingt-dix-neuf ans avec un loyer absolument symbolique, quelques milliers d'euros annuels. Si dérisoire dans certains cas que des conseillers municipaux d'opposition, de gauche ou de droite c'est selon, vont encore de temps en temps en justice, jugeant la pratique illégale.

L'autre voie de contournement de la loi de 1905, c'est une subvention à la partie culturelle de la mosquée. Une trouvaille, cette vitrine, pour découvrir dans « un esprit d'ouverture, de fraternité, de tolérance » la culture musulmane. Qui s'ouvre même aux visites scolaires et aux touristes. Les organisations et les associations musulmanes connaissent et utilisent parfaitement le droit français. La loi de 1901 n'a aucun secret pour elles. Elles couplent ainsi, chaque fois que c'est possible, le culte et la culture, ce qui leur permet de jouer sur deux tableaux pour leur financement. Près de 30 % des lieux de culte sont aujourd'hui financés par les pouvoirs publics, parallèlement à 50 % de fonds étrangers. Ce qui signifie que les musulmans pratiquants en France ne contribuent que pour 20 % à leurs mosquées. On ne s'interroge guère d'ailleurs sur ce que recouvre en l'espèce le mot culture, parfois un salon de thé pour avoir des sous. De fait, ces centres communautaires sont d'abord et avant tout des centres d'enseignement de l'arabe et de la religion. Certains sont absolument impeccables. D'autres moins et peuvent même abriter des écoles coraniques, des medersas, qui formatent des enfants à l'obscurantisme le plus sûr. Le pari des maires ? Que l'islam en s'officialisant devienne de plus en plus modéré. Mais comment s'empêcher de poser au moins la question : l'aspiration des élus républicains est-elle cette réislamisation par le bas ?

L'arme de persuasion massive des organisations musulmanes les plus revendicatrices quand elles n'obtiennent pas satisfaction, c'est la prière de rue. Un peu partout encore, même si le phénomène est en régression au fur et à mesure que les mosquées se multiplient. Elles sont tout sauf innocentes. Là encore, sur YouTube et Dailymotion on en trouve toutes les images, à plus d'un titre choquantes. A Paris, rue Jean-Pierre-Timbaud dans le 11ᵉ arrondissement, rue Myrha et rue Polonceau dans le 18ᵉ, les voies publiques sont en quelque sorte privatisées pour la prière du vendredi à laquelle se rendent des fidèles, loin d'être tous des résidents puisqu'une bonne partie vient de banlieue « pour faire pression ». Les militants intégristes y distribuent des tracts, vengeurs aussi contre les imams qui tentent la voie de la modernité laïque, qualifiés de

« pires ennemis des musulmans », plus encore que les « *kafirs* », les infidèles. En 2010, Benoît Hamon, alors porte-parole du PS, interpellait sur ce point le socialiste Daniel Vaillant, maire de l'arrondissement dont son ami Jospin fut député, sur une situation qui perdure depuis vingt-cinq ans. Dans l'attente de la construction d'un « grand complexe » en cours, Vaillant le renvoyait dans les cordes : « Je ne sais pas où il est élu, mais visiblement, il fait du hors-sol !... Il ne sait pas de quoi il parle. Il y a malheureusement au PS beaucoup de gens qui ne connaissent rien à la laïcité ! Moi, j'aime bien les prières de rue... » Et Vaillant dans le quotidien gratuit *Metro*, en 2011, d'ajouter[1] : « Je n'ai jamais demandé d'interdit concernant ces prières de rue. C'était une forme de tolérance en attendant qu'une solution définitive et digne soit trouvée. Aucune récrimination locale par rapport à ce phénomène ne m'a été adressée. J'ai eu des lettres, certes, mais venant de toute la France ou d'autres quartiers de Paris. Ici, les prières de rue ne dérangent personne [le quartier est musulman]. Les habitants de la Goutte-d'Or ont pris l'habitude, et il y a pour eux des occupations de l'espace public beaucoup plus préoccupantes, notamment les vendeurs de cigarettes à Barbès, la prostitution

1. *Metro* du 1er septembre 2011.

à Château-Rouge ou encore les trafics de drogue... Ces problèmes surviennent douze heures sur vingt-quatre, la prière, c'est une heure et demie une fois par semaine le vendredi ! Il faut relativiser, ce ne sont pas des prêches intempestifs, bruyants et permanents... Ce n'est pas de l'islam extrémiste qui se développe chez nous ! » C'est inexact, même si l'islam du 18e arrondissement est plus soft que celui de la rue Jean-Pierre-Timbaud dont l'imam, appartenant à Foi et Pratique du Tabligh, a dû être expulsé en octobre 2012. Inexact aussi parce que la drogue se trafique, se vend et s'achète aussi dans les rues en question.

Marine Le Pen a joué sur du velours en les dénonçant : pas de doute, les élus ont choisi une paix sociale. Mais qu'elle-même et le FN ne racontent pas d'histoires ! Ils en feraient tout autant s'ils étaient à la tête de municipalités. Prenons le seul et unique maire d'extrême droite, Jacques Bompard, député-maire d'Orange dans le Vaucluse. Certes, il a quitté le FN mais il est vraiment resté le même. Il se contorsionne. Quand l'imam proxénète de la ville et ses fils ont été inculpés, il n'avait rien trouvé de mieux à dire que : « Ah oui, on en parlait en ville en effet[1]... » Pour expliquer aux

1. *Minute* du 29 avril 2009.

Orangeois comment et pourquoi il a proposé un terrain pour une mosquée pour 300 personnes en lisière de l'A7, « en face de l'aire nomade » – sous-entendu, ces croyants ne méritent pas mieux –, il en fait des tonnes : « Dans le protocole que j'ai fait signer aux musulmans, il est clairement indiqué que l'architecture provençale doit être respectée... Nous avons aussi fait signer une charte par laquelle les musulmans doivent s'engager à ne pas prôner la haine ou la violence envers les autres religions, ni la polygamie, l'excision ou les mariages forcés. On me dira que ce sont là des vœux pieux[1]... » En effet, pas dans tous les cas mais dans nombre d'entre eux.

Solution extrême pour les élus : la triche pure et simple. Jean-Christophe Lagarde, le jeune député-maire centriste de Drancy, détient la palme d'or. Lui, le pourfendeur des hypocrisies françaises, des blocages et des illogismes, a ainsi reconnu non sans cynisme en 2008 qu'il avait carrément menti à ses électeurs, ces « Drancéens qui râlent » à propos de la nouvelle salle polyvalente – mot très tendance pour nommer les mosquées –, juste derrière l'hypermarché Carrefour : « Oui, je vous ai volontairement caché

1. *Minute* du 29 avril 2009.

que ce serait une mosquée. Je voulais montrer la normalité d'un tel projet. Et aujourd'hui, tout prouve que j'avais raison de le faire. Contrairement à tous ces maires qui annoncent dans les médias qu'ils veulent une mosquée, moi, je l'ai[1]. » Dans *Le Parisien*, il précise : « Je n'ai pas voulu l'annoncer à la population car cela aurait forcément créé des tensions. De cette façon, son ouverture il y a sept mois n'a fait peur à personne. Et aujourd'hui, tout montre que c'est une réussite[2]. » Comme ailleurs, la municipalité a bel et bien financé en partie le lieu de culte, contrairement à ce qu'affirme Hassen Chalghoumi, qui n'est pas l'imam en titre de la mosquée Al-Nour et n'a pas une bonne formation théologique. Ce sont les médias qui lui attribuent cette fonction. Il est en revanche le président de l'Association culturelle des musulmans de Drancy qui a négocié la mosquée, l'école et le centre culturel avec Lagarde. Chalghoumi a appartenu au Tabligh dans sa jeunesse. Puis, il a changé et il est aujourd'hui devenu une sorte d'interlocuteur mascotte des pouvoirs publics, de la classe politique mais aussi du Conseil représentatif des institutions juives de France parce qu'il est un acteur du dialogue interreligieux, s'est rendu à Auschwitz et en Israël.

1. *Le Parisien* du 6 septembre 2007.
2. *Idem.*

Il prône un islam républicain de rêve. A ce titre, il suscite suspicion et courroux d'une partie de la communauté musulmane qui le surnomme « l'imam des juifs », et il est physiquement en butte aux salafistes.

Les maires, tous les maires concernés, ont reculé devant un affrontement avec des responsables musulmans dont certains sont capables de mobiliser aussitôt des foules. Une des raisons pour lesquelles Nicolas Sarkozy et l'UMP ont été contraints de renoncer au débat explosif sur la laïcité. Dans tous les cas de figure, c'est bien l'autorité publique qui est en charge, alors que la loi de 1905 précise dans son article 2 que « la République ne reconnaît, ne salarie et ne subventionne aucun culte ». Sauf en Alsace-Moselle, terre concordataire. Dans les faits, on est à des années-lumière de la laïcité, étendard de la République. La crise économique majeure qui impose des réductions de fonctionnement drastiques aux pouvoirs locaux pourrait porter un coup d'arrêt, à l'heure des choix budgétaires. La mosquée apparaîtra-t-elle comme une priorité ? Nul ne le sait. Peut-être servira-t-elle de prétexte à certains élus. En attendant, dans sa mairie de Bordeaux, Alain Juppé, qui s'est battu contre le port de signes religieux ostensibles et entreprend un lourd projet avec la Fédération musulmane de Gironde et l'imam Tareq Oubrou, résume la position partagée par la quasi-totalité des élus : « Je pars d'une question de principe : est-ce que oui ou non les musulmans ont droit à un lieu de culte ? Ma réponse est résolument oui. Faut-il les aider à les financer, oui aussi. J'aide bien les Petits Frères des pauvres[1] ! » *De l'électoralisme ?* « Si ça l'était, ce pourrait être un mauvais calcul, dans le sens contraire. N'oubliez pas que le FN a déjà fait voter contre moi ! » Pour 2014 cependant, quoi que raconte Juppé, le « vote musulman » aura du poids. *Alors, réviser la loi de 1905 ?* « L'expérience prouve qu'on peut faire avec sans que cela pose trop de problèmes. La loi de 1905, c'est un monument national. S'y attaquer, ce serait à coup sûr provoquer un cataclysme. »

1. Entretien avec l'auteur du 16 novembre 2012.

Le Havre bombardé

Le Novotel du Havre ressemble à s'y méprendre à un Novotel. Ce samedi après-midi pluvieux de novembre 2012, une salle de conférences du rez-de-chaussée est réservée par l'association musulmane « Havre de Savoir », devise « Celui pour qui Allah veut du bien, il l'instruit dans la religion (hadith) ». Cependant, les organisateurs accueillent aussi avec le sourire et beaucoup de gentillesse ceux à qui Allah n'a pas encore voulu le meilleur, moyennant 10 euros l'entrée, sans reçu. L'islamophobie et la promotion d'un livre sont la raison de la réunion. La première n'est pas une vue de l'esprit. Elle s'est traduite ces dernières années par des agressions, une multiplication de tags sur des lieux de culte, des attaques de mosquées comme à Poitiers, des profanations de cimetières, autant d'actes racistes qui sont le fait de commandos d'extrême droite y compris juifs, et d'intégristes chrétiens. Pour le reste, presque tout ce qui est invoqué sur le flyer distribué avec le programme ne tient pas debout : « licencié pour port de barbe, pas recruté pour pratique du jeûne, refusé de soin pour port de kamis, obligé de manger du porc, doit se dévoiler pour aller à l'école, etc. ». Tromperie, démagogie, mais ça marche auprès des musulmans. La session permettra d'y voir plus clair. Cinq heures d'exposés et de débats avec Nabil Ennasri, président du Collectif des musulmans de France, Samy Debah, président du Collectif contre l'islamophobie en France (CCIF), et Médine, ambassadeur de « Havre de Savoir », présenté ici comme rappeur engagé contre les discriminations pour son ouvrage *Don't Panik*, dont j'ai déjà parlé. Une belle affiche de leaders trentenaires du monde musulman français, de niveau national. On peut les qualifier d'éclaireurs.

Il y a par conséquent du monde, près d'une centaine de personnes. Presque uniquement des jeunes. Des garçons des cités havraises et de l'agglomération, soignés, jean, pull et blouson, pas du tout la racaille, et de jolies filles calmes en hidjabs coquets, les uns et les autres de la troisième génération, de jeunes Français arabes et noirs. Une petite dizaine de convertis aussi dont trois seulement ont la quarantaine, trois femmes : l'une a le visage pincé d'une religieuse qui n'aurait jamais rencontré Dieu et les deux autres cet air un tantinet prétentieux des bourgeoises provinciales en tailleur et bijoux. Ils sont étudiants, employés, cadres, ouvriers, chômeurs. Cette réunion n'a strictement rien à voir avec une réunion de radicaux guerriers. Juste un public à l'unisson d'une jeunesse musulmane française moyenne, quelques-uns déjà militants, beaucoup venus s'informer, attirés par le rappeur vedette et le thème de l'islamophobie, ayant plus de questions que de réponses, en quête de lumières et d'un code de conduite. La plupart savent-ils même qui sont vraiment les intervenants, derrière leur étiquette ? Pas sûr.

Il est certain en revanche que la lecture ne les attire guère. « Vous avez lu le livre de Médine ? Je vous le recommande, il est super facile ! Ça tombe bien, parce que je dois vous dire que, moi, les livres, c'est pas mon fort ! », murmure ce charmant jeune homme aux yeux clairs en attendant que la séance s'ouvre. Samia, la tête et les épaules ceintes d'une mousseline beige, « ma foi me le dicte, c'est mon libre choix », et qui s'occupe du club de lecture de l'association, confirme. Elle se désole que la culture ait du mal à s'imposer. Pourtant, il « faut que notre communauté fasse un effort dans ce domaine, c'est indispensable ». Elle montre d'un geste ample la grande table au fond de la salle où sont en vente de nombreux livres qui n'attireront en effet absolument personne de tout l'après-midi. Des ouvrages de Tariq et de Hani Ramadan, de Mohamed Ramousi sur la « citoyenneté » et la théorie de l'inclusion qui réfute l'intégration, des livres pour enfants du style le Coran, le Ramadan… « expliqués à mon fils » ; et les œuvres de Youssef Qaradaoui, encore et toujours lui, dont le fort instructif *La Notion de la patience dans le Coran*, l'une des « vertus les plus éminentes tant dans les sourates mecquoises que médinoises[1] ». Une exhortation des musulmans à la persévérance en tous domaines pour le triomphe de l'islam sur la planète entière. La sourate 8 Le butin : « Croyants ! Quand vous vous trouvez en face d'une troupe [ennemie], soyez fermes et invoquez sans cesse Dieu pour le succès. Obéissez à Dieu et à son Prophète !… Soyez persévérants ! Dieu est avec ceux qui patientent[2]… » Qaradaoui y écrit quant à lui : « Il est connu que le jihad (la résistance contre son ego et son ennemi) constitue le summum de l'ascendance de l'islam tel qu'il est spécifié dans le hadith du Prophète, et que pour endurer ses épreuves et ses fatigues, se dépenser et sacrifier ce qu'il y a de plus précieux pour la cause

1. Editions Tawhid, 2002.
2. *Idem.*

de la foi, la patience est indispensable. C'est pour cela que ces deux aspects sont liés[1]. » Une phrase capitale cette dernière, une grille de lecture. Tiens, tiens… Le « Havre du Savoir » est donc un port pour les Frères musulmans. Mais l'assistance du Novotel ne lit pas Qaradaoui. Peut-être écoute-t-elle ses prêches sur YouTube ou Al-Jazeera. Elle préfère sans aucun doute entendre les intervenants qui vont lui parler de ses problèmes quotidiens, ceux de Français musulmans.

Un homme jeune en costume s'installe derrière l'estrade. Le présentateur. Mais non ! D'une voix de muezzin, dans un silence religieux, il se met à psalmodier dans le micro une prière en arabe… On n'entendra plus du tout parler de religion pendant cet après-midi, mais l'articulation fondamentale, déterminante, entre l'islam et les discours « citoyens » qui suivront vient d'être subtilement indiquée. Ces discours sont ainsi placés, une fois pour toutes, sous le signe d'Allah. Les médias qui invitent ces intervenants d'aujourd'hui – et beaucoup d'autres – ignorent cette relation coranico-revendicative qui se fait seulement dans l'intimité d'un entre-soi.

---

1. *Idem.*

Suit le responsable de l'association qui présente ses invités. Avant même de parler du programme, il réclame aussitôt à tout un chacun « pensées et prières pour nos frères et sœurs de Gaza » que bombardent les Israéliens en riposte à des mois de tirs de roquette ininterrompus du Hamas, Frères musulmans, comme le « Havre de Savoir ». Il souligne que, depuis l'affaire Merah, « les musulmans sont en ligne de mire », la salle semble approuver – et vivre dans sa chair – ce renversement de la victimisation. Après le temps du constat, souligne-t-il, est venu celui de l'action, thème général de la rencontre. Les cinq heures qui vont suivre, enregistrées et filmées, sont un tour de force. Pas un dérapage, pas un mot plus haut que l'autre, pas un propos ostentatoire. Tout est remarquablement maîtrisé, sophistiqué, calmement démonstratif. A l'abri de tout reproche, d'autant plus pernicieux. Fait pour convaincre ces jeunes, surtout pas pour les effrayer, car ils sont eux-mêmes sensibles à la peur que l'islam suscite. Il faut leur démontrer à quel point elle est injustifiée et injuste, comment elle les pénalise. Il faut aussi les mobiliser, armer leur esprit et les faire adhérer à l'association « Havre de Savoir »...

Médine ouvre la séance. Physique puissant, une présence, du talent. Des trois intervenants, il est le seul Havrais. Comme les trois quarts de l'assistance. Sa ville à laquelle il est viscéralement attaché ne suscite pas forcément l'enthousiasme de tous les locaux. Sur www.linternaute.com/ville/ville/temoignage/1214/le_havre.shtml, bien d'autres jeunes Havrais la décrient, les filles notamment, qui ne s'y sentent pas en sécurité. Les avis portent des titres sans appel : « Le Havre de la perdition », « Ville poubelle », « Pétaudière », « Le couloir de la mort », « Bye Bye Le Havre ». Quoique la cité de 175 000 habitants, 294 000 dans l'aire urbaine, soit le premier port français pour le commerce extérieur, traite 40 % de notre approvisionnement en pétrole et connaisse un considérable développement avec le projet du Grand Paris, ils n'en ont rien à faire. Ces internautes ne voient que la vulgarité, l'agressivité, la violence, les dealers et les camés, les armes en masse, les rodéos infernaux, les voitures brûlées, le chômage, la pauvreté, « une ville de loubards par excellence ». Sans cesse reviennent en litanie dans leurs écrits les quartiers sensibles, l'Eure, Chicago, Mont-Gaillard, lesquels sont pourtant en pleine rénovation. Médine est de Mont-Gaillard, sa cité, sa culture, sa révolte et sa haine, et il n'a jamais pensé faire du rap professionnel autrement qu'avec des Havrais du même cru. Dans sa chanson *LH*, il matraque et scande cette réalité dans laquelle la salle de ce samedi après-midi reconnaît le terrain, à quelques kilomètres du Novotel.

« *Salam Aleikoum !*… 2012 aura été l'année de la recrudescence de postures islamophobes décomplexées. » Le chanteur dénonce en politique une globalisation à partir des agissements d'une poignée de musulmans – qu'il ne qualifie pas une fois de radicaux ou de fanatiques – et le durcissement des extrémistes, le FN et le Bloc identitaire. Il vitupère contre les médias, exemples à l'appui, en particulier la bête noire, cette une du *Point* sur « Cet islam sans gêne », hors concours. Exact ou pas, ce qu'ils écrivent ou rapportent ? La question n'est même pas envisagée. C'est simplement et forcément contre tous les musulmans : globalisation, disait-il ?… « Lorsque l'on stigmatise à travers les lois et les discours, on crée une défense communautariste, une situation de repli… La communautarisation des musulmans est une conséquence des prophéties autoréalisatrices. » N'est-ce pas plutôt le hidjab, le niqab ou la burka, les comportements dans les hôpitaux, les cantines scolaires, la contestation des cours, les discours dégorgeant de haine qui contreviennent aux lois républicaines ? Pas envisagé. Une « tension exponentielle » règne dans les discussions, « nous devons répondre d'agissements qui ne sont pas les nôtres ». A force de ne jamais les condamner, comment ne pas en apparaître complices ?... Médine le constate dans sa propre famille – ses parents algériens ne sont pas croyants et il y a des mariages mixtes –, auprès de ses amis aussi. « Il faut donc s'attendre à quelque chose de très dur, à une période de difficultés », pour laquelle il faut « s'armer avec des convictions et des arguments ». Preuve que sur son chemin de patience contre les « débatteurs », terme poétique pour qualifier ceux qui ne sont pas musulmans, Médine a bien abandonné la voie de Ben Laden pour celle des mots, ce n'est déjà pas si mal, mais l'objectif reste identique. Ce qu'il rappe dans *Trash Talking*[1] :

> *Donne ma bouche à ton calibre*
> *Si tu veux faire parler la poudre*
> *Si tu veux faire chanter la foudre*
> *J'donne un cours de vocalises*
> *Parce que verbale est la joute [...]*
>
> *Par le feu purificateur qui émane de ma bouche*
> *Nous sommes la parole dure*
> *Les douaniers de la poésie*
> *Garants de la noble écriture*

---

1. Texte intégral sur http://www.parolesmania.com/paroles_medine_11871/paroles_trash_talking_1605903.html

Venus sonner la fin de la récréation
Que les cancres retournent à leurs pupitres
et leurs livres
Qu'ils méditent leurs péchés et demandent pardon
Pour une décennie de niaivreries
J'en fais le serment :
Leur sang séchera plus vite que mon encre.

Il raconte ensuite à la salle qu'il revient d'un séjour aux Etats-Unis où il a voulu étudier les grands mouvements noirs, ceux de Malcolm X et de Martin Luther King. Sa préférence va à Malcolm. Il est épaté par la place que les Afro-Américains ont conquise depuis qu'ils ont pris leur destin en main. Faisant allusion aux horreurs du Sud, du Ku Klux Klan, les Noirs maltraités, tués, pendus, écrasés, décriés, il ose et établit un parallèle avec la situation de la communauté musulmane en France. « Toutes proportions gardées, ce qui s'est passé dans les années 60 aux USA, c'est la même chose que les jeunes filles au foulard interdites d'école. » Ce qui fait irrésistiblement penser au « CRS = SS » de Mai 68. Les victimes et les rescapés des camps d'extermination auraient aimé que SS = CRS. Le Havre en 2013 selon Médine : *Django*, de Quentin Tarantino. Une ville dont la mairie UMP, en la personne de Philippe

Brunel, directeur général adjoint au développement social, à la famille et aux sports, a pris la décision, « pour éviter des incidents », de jeter à la poubelle plus de 8 000 crèmes au chocolat destinées aux écoles sous prétexte qu'elles contenaient de la gélatine de porc, tandis que les organisations caritatives courent après la nourriture pour ceux qui ont faim. Une ville où des prières de rue ont lieu chaque vendredi. Une ville dans laquelle il y a 6 mosquées et 2 en construction pour lesquelles le maire, Edouard Philippe, a mis des terrains à disposition. Cela dans une région, la Haute-Normandie, où 200 000 musulmans sont rarement écartelés autrement que psychologiquement. « Toutes proportions gardées, ce qui s'est passé dans les années 60 aux USA… » Pas un mouvement de protestation, pas un murmure de réprobation dans la salle.

Cependant, Médine ajoute, non pour corriger sa pensée mais pour indiquer la bonne stratégie : « A quel moment Malcolm X est-il devenu dangereux ? Dans le dernier tiers de sa vie. Quand il a installé des passerelles, cessé d'être égocentrique. » Alors, le chanteur antidiscriminations fait sa proposition pour 2013, parce qu'il ne suffit pas de lutter contre l'islamophobie, et il jure de la mettre en œuvre :

une Marche des Peurs, qui s'inspire de la Marche des Beurs des années 1980, un événement spectaculaire pour « mutualiser toutes les personnes qui crèvent de peur… tous les musulmans, de Marseille à Lille, de Strasbourg à Nantes ». Un pèlerinage sur le chemin de l'Hexagone, en somme. Gros applaudissements.

Nabil Ennasri prend la suite sur le thème : « Six mois après la présidentielle et un an et demi avant les municipales ». Le Collectif des musulmans de France qu'il préside est altermondialiste, intellectuellement proche des Indigènes de la République[1]. Il met du temps avant d'en arriver à son sujet et à la France. Détour par Gaza, le deuxième de l'après-midi. « Le peuple de Gaza souffre… sous une armée d'occupation qui fait régner la terreur. Songez qu'à ce jour ils ont reçu 466 bombes… » Ennasri a reçu ce témoignage : « Un enfant de huit ans a eu les cheveux blancs en l'espace d'une nuit. » Et « la population civile est affamée… Ayez une

1. Mouvement créé en 2005 par des altermondialistes, distillant la haine à l'égard de la France, des Etats-Unis et d'Israël, soutien du Hamas et d'autres groupes islamistes, proche de Ramadan, s'est dissocié de Dieudonné seulement quand celui-ci s'est rapproché des Le Pen.

pensée pour eux !… N'oubliez pas les Palestiniens dans vos prières ! ». Il enchaîne sur la peur de l'islam, pourfend les « intellectuels faussaires » – du titre de l'ouvrage de Pascal Boniface[1] sur BHL, Finkielkraut, Glucksmann et quelques autres, tous juifs – et se réfère à Thomas Deltombe. Là encore, il n'est pas évident que les jeunes connaissent cet essayiste, chouchou du site islamiste oumma.com, qui a les pieds et la plume dans le réel brut : il voit exclusivement dans l'islamophobie « la construction médiatique d'un islam imaginaire », une « régénération du racisme », et il qualifie les mosquées parisiennes de « lieux ordinaires ». Quant à lui, l'orateur Enasri parle de « déconstruire les préjugés, dans la durée, sans excitation… Il faut se libérer de l'agenda de ceux qui veulent mettre l'islam au cœur du débat public… de la bêtise, de l'ignorance… Si on renchérit, on perd… Il faut lire les médias alternatifs, susciter des médias alternatifs. Nous avons diffusé un premier article sur Rue 89… Mais tout ça, ça demande d'écrire, de lire… ». Il exhorte l'auditoire à observer la sunna, les lois de Dieu, « meilleur est le degré de foi, meilleur est le comportement ».

1. Pascal Boniface, *Les Intellectuels faussaires*, J.-C. Gawsewitch éditeur, 2011.

Alors, que faire au niveau politique ? Nous y voilà enfin. « Sarkozy, Valls, pour la première fois depuis 1945, ils ont osé utiliser le vocable d'ennemi de l'intérieur… » Il dénonce l'indigne coup de filet qui a eu lieu un mois avant, en octobre. Un point particulièrement intéressant. Il s'agit de l'arrestation simultanément à Strasbourg, en Seine-et-Marne et à Cannes d'une cellule terroriste islamiste. Ses membres sont accusés d'avoir jeté en septembre un engin explosif sur une épicerie casher à Sarcelles, dans le Val-d'Oise, faisant un blessé, et ils s'apprêtaient à commettre d'autres attentats. A la tête de ce réseau, un converti né en banlieue parisienne et entré dans le salafisme, Jérémie Louis-Sidney. Polygame, ce délinquant condamné en 2008 pour trafic de stupéfiants a été abattu à Strasbourg à la sortie de la mosquée avec un revolver sous sa djellaba, un converti entré dans le salafisme. Or, au Novotel du Havre, on n'est pas du tout dans un univers salafiste. Même si, au Havre, il y a dans les cités de jeunes salafistes comme ce Français d'origine malienne qui, sur Dailymotion[1], dans la langue de Molière quelque peu maltraitée, appelle interminablement et en toute impunité au jihad

1. http://www.dailymotion.com/user/Abdoullah667/1#video=xm341z

contre la France au Mali, bien avant l'intervention française. Les Frères musulmans en France sont même devenus les ennemis jurés de ces islamistes radicaux qui leur disputent le pouvoir dans les mosquées et dont les actes les éclaboussent. Seulement – et on touche là, dans cet hôtel du Havre, au cœur du problème pour l'heure insoluble que pose l'islam –, la solidarité de la oumma, de la communauté, devant l'ennemi l'emporte sur toute autre considération.

Donc, l'ennemi intérieur. Cela rappelle « les lois de Vichy à l'égard de citoyens français… ». Par conséquent, il faudra adopter le vote sanction à tous les scrutins : municipales, régionales, législatives, présidentielle. « Votre rapport à l'islamophobie déterminera votre vote. Dis-moi comment tu traites une minorité, je te dirai comment je vote… A vous de voir au niveau local… Dire : je me déterminerai au moment de l'élection en fonction de ton rapport avec les citoyens musulmans… *Inch Allah !* » Le message passe 5 sur 5.

La pause. Dans le hall de l'hôtel un très bon expresso et d'exquises pâtisseries attendent les participants. Certains sont allés faire leur prière à côté de la porte des toilettes, au fond du hall de réception. Tous sont très satisfaits de la qualité des orateurs, heureux de la force mobilisatrice, de la volonté d'action qui se dégage d'eux. Ils se sentent requinqués et ils en discutent à n'en plus finir jusqu'à ce que sonne la fin de la récréation.

Samy Debah, homme mince, nerveux, à la violence retenue, est un excellent tribun. La démonstration à laquelle il va se livrer sur l'islamophobie commence par une autocongratulation justifiée. Malgré « Nico qui nous a pourri la vie », sans doute en créant le CFCM, le Collectif contre l'islamophobie en France a pleinement réussi à l'international : Amnesty, Human Rights Watch prennent un vif intérêt à son travail, et il a même un statut spécial, consultatif, à l'Onu. Belle réussite en effet, ce « machin » indispensable, qualités et défauts confondus, pouvant aussi gober n'importe quoi et parfois participer au pire, comme à Durban[1]. Debah décortique très longuement les mécanismes de la campagne nationale contre l'islamophobie,

1. La Conférence mondiale de Durban en 2001 contre « le racisme, la discrimination raciale, la xénophobie et les diverses formes d'intolérance » a été l'occasion d'un rare déchaînement antisémite mené par les pays arabes et africains. Elle a pris l'allure d'une offensive sans précédent contre le sionisme que ces pays voulaient faire assimiler à un racisme.

déconstruction des clichés sur les musulmans, violents, n'aimant pas l'art, sans aucun sens de l'humour. D'où l'idée de parodier le tableau de David, *Le Serment du Jeu de paume*, élément fondateur de la Révolution française le 5 mai 1789, deux cents ans avant la révolution du foulard de 1989. Il rappelle que le tiers état, c'était 98 % de la nation. « Nous, aujourd'hui, nous sommes musulmans *et* français. » Donc, musulmans d'abord. « Tels que l'on est, il faut nous accepter. » Il s'en prend alors à Marc-Olivier Fogiel – sans doute parce qu'il est juif – avant de citer Ernest Renan qui, en 1870, à propos de l'Alsace-Lorraine perdue, définissait la nation comme « la volonté de partager un destin commun ». Oui, mais lequel ? Car le même Renan, et Sebah semble l'ignorer, a écrit l'un des textes[1] les plus torrides et les plus argumentés sur l'islam pour démontrer ce que l'on appellerait aujourd'hui son « incompatibilité » fondamentale avec la République !

L'orateur tonne contre la menace existentielle qui pèse sur les musulmans. Avec Médine, le public

1. « L'islamisme et la science », conférence du 29 mars 1883, in « Discours et conférences », Calmann-Lévy, téléchargeable sur classiques.uqac.ca/.../renan_ernest/qu.../qu_est_ce_une_nation.html

a entendu un parallèle glorieux avec les Noirs, c'est maintenant au tour du parallèle obsessionnel, puant le mépris, avec les juifs, dans lequel se mêlent inextricablement propos sur leur histoire européenne et française et propos sur le conflit israélo-palestinien. Un chef-d'œuvre du genre. Debah se lance d'abord dans une comparaison avec ce qu'ils ont connu dans les années 1930 en Europe. « On a vu où ça a mené… Il ne faut pas laisser faire une nouvelle Shoah ! Le Norvégien qui a fait ce carnage dernièrement[1] a dit : "Je me suis inspiré de ce que disent certains intellectuels français." » Toujours ces mêmes « faussaires », un Glucksmann qui a pourtant fait sienne la cause des Tchétchènes, un BHL qui a encensé Massoud en Afghanistan, faisant de lui un héros démocrate, comme il a objectivement soutenu les islamistes libyens. Et qui seraient cette fois-ci les suppôts d'un fou assassin d'extrême droite. Pourquoi pas ? Et la salle d'avaler la potion. Il enchaîne : « Aujourd'hui, il y a des gens qui

1. Anders Breivik, terroriste norvégien d'extrême droite qui a perpétré les attentats du 22 juillet 2011 en Norvège, 77 morts et 151 blessés. Raciste, antimulticulturaliste et violemment islamophobe, il voulait « nettoyer » l'Europe des musulmans. Voir la fiche très bien faite : http://fr.wikipedia.org/wiki/Anders_Behring_Breivik

meurent parce qu'ils sont musulmans. » Parle-t-il de ces guerres civiles effroyables qui ensanglantent tant de pays sur plusieurs continents à coups de centaines de milliers de morts, les musulmans étant les premiers bourreaux des musulmans ? Pas du tout. « A Gaza… C'est toujours le même cinéma ! On bombarde Gaza, les musulmans prient, ils se comportent comme des supporters. Cette région ne peut pas rester comme ça ! Il faut agir ! Prier quand il y a un bain de sang ? Et le reste du temps ? C'est fait pour rigoler alors ? Est-ce que c'est ça notre vie ? Nous sommes les ambassadeurs de la paix, de la justice, et Gaza dure depuis combien de temps ? La Palestine vaincra ! » Un temps… « Je vais vous dire une chose : ce que vivent les gens de Gaza, vous allez le vivre en Europe ! Les Bosniaques ont vécu ça, c'étaient des Européens, les Serbes les égorgeaient ! » Rappeler peut-être que ce sont les « intellectuels faussaires » qui ont joué un rôle, et Jacques Chirac qui a pesé de tout son poids auprès des Américains pour intervenir et les sauver ? Mauvais ça… « Imaginez ! En France, nous avons eu un président de la République [Nicolas Sarkozy] qui nous a dit : "Faites-vous discrets." Les juifs ont tout fait dans ce pays pour se fondre. Ils ont changé de nom, de vie, de religion. Des juifs allemands [sans doute fait-il allusion aux juifs d'Alsace-Lorraine] sont entrés dans l'armée. Ont-ils pour autant échappé aux camps, aux massacres ? Regardez Dreyfus ! Il en témoigne. Les juifs sont devenus des scientifiques, des hommes d'affaires, ils ont tout donné pour ce pays. Qu'est-ce qu'ils ont eu en échange ? On peut rouler les gens une fois, pas deux. Depuis, est-ce qu'il y a plus communautaires que les juifs ? Ils ont raison ! Ils savent qu'il faut être fort pour être entendu dans ce pays. A nous musulmans, avec nos alliés humanistes, de faire entendre cette voix ! Car défendre une minorité, c'est défendre l'intérêt national. Syndicats, femmes, homos : il faut faire évoluer le droit, c'est comme ça qu'ils obtiennent leur liberté ! Merci. » Qui parmi le public trouverait à redire à cette emballante démonstration ? Applaudissements.

C'est bientôt la fin. Mais avant, les questions de la salle. Une très jeune femme en hijab gris prend la parole pour expliquer que la vie d'une musulmane est de plus en plus difficile. Elle a fait une demande d'agrément pour son fils de cinq ans à la crèche chez Ikea où elle travaille pour son fils de cinq ans et ne l'obtient pas. Médine : « On se décourage vite, c'est ça notre problème. » Debah : « Ici, on a été élevés dans l'assistanat, nos pays d'origine sont assistés. Le salaire, c'est accessoire !

Ta mission c'est quoi ? On est dans un pays qui tombe en déliquescence. On ne peut pas laisser cette société tomber si bas ! Il faut que nous y apportions d'autres valeurs qui vont le dynamiser ! Frères, sœurs, il faut persévérer dans l'endurance ! Je dis aux femmes, devenez pour vos filles présidentes des parents d'élèves ! Et 2012 aura été la dernière élection par défaut ! Vous croyez vraiment que les musulmans sont crédibles quand ils disent que la solution est dans le Coran ? Est-ce que notre Prophète nous a appris à bloquer ainsi la route ? Si ce pays coule, je coule avec lui ! Il faut faire une alliance avec les humanistes, aboutir avec eux à une alliance la plus large possible en Europe. » A une question sur la musique qui permet à l'assistance de souffler, Médine : « On a le cerveau pris dans de la glace. On a du mal à réfléchir à un ordre sociétal artistique dans notre communauté. On a là-dessus des discussions puériles, il faut arriver à l'âge adulte ! » En clair, organiser des réseaux musicaux indépendants pour mener le combat comme il le fait même avec son rap musulman. Enfin, à une question sur le Qatar qui occupe le devant de la scène, achète le PSG, des hôtels de luxe, entre dans le capital de LVMH et de Lagardère, et qui grâce à un fonds devait aider les banlieues mais soulève une méfiance certaine, Debah : « La stigmatisation du Qatar, c'est la stigmatisation des Arabes de France. »

C'est fini, il est tard, mais c'était bien. Après le temps du constat, le temps de l'action. Seule la lettre ouverte que Pascal Boniface a adressée au maire du Havre pour s'indigner que Médine n'ait pas encore été fait citoyen d'honneur de la ville « comme Nolwenn Leroy à Brest » est pour l'instant restée sans suite. Les intellectuels « humanistes » peuvent être aussi des intellectuels perdus.

Génération islam : ces jeunes qui ont la rage

Et plus qu'eux tous, l'Etranger,
Superbe aux yeux profonds,
à la démarche légère,
aux lèvres mi-closes, toutes frémissantes de chants.

Professeur d'allemand, amoureux de la culture germanique, le chef du gouvernement, Jean-Marc Ayrault, a quand même dû avoir un choc en lisant ces vers des vibrants *Hymnes à la nuit* du poète romantique Novalis. Il est en effet assez rare qu'un rapport officiel au Premier ministre écrit par un conseiller d'Etat débute par un tel exergue amoureux… Il donne ainsi d'emblée une tonalité pour le moins exaltée et personnelle au « Rapport sur la refondation des politiques d'intégration » remis à Matignon en février dernier. On se demande qui, dans l'entourage de Jean-Marc Ayrault, a été à l'initiative du choix de l'auteur, Thierry Tuot, nommé depuis président de la Villa Médicis, et avec quelles arrière-pensées. Car ce rapport relaie en réalité les revendications civiles et religieuses des organisations islamistes.

Combien est révélateur par exemple le sous-titre écrit en énormes lettres : « La grande nation. Pour une société inclusive ». Il répond exactement à « La nation c'est *aussi* nous » (le aussi étant presque invisible pour signifier l'inclusion, au point qu'on lit « la nation c'est nous »…) de la campagne contre l'islamophobie organisée par le CCIF que préside Samy Debah. Les grandes affiches, on s'en souvient, représentaient un pastiche du tableau de David dans lequel le bonnet des femmes révolutionnaires était remplacé par un hidjab. Le slogan Tuot et le slogan Debah s'emboîtent parfaitement. Tuot est un inconnu du grand public entré au Conseil d'Etat quelques mois avant l'affaire du foulard de 1989. Main dans la main avec le directeur de cabinet de Lionel Jospin, il n'est pas étranger à l'avis rendu alors par l'institution, désastreux pour la laïcité. C'est un adversaire farouche de l'interdiction du hidjab et de la burka – il appelle cela un « bout de tissu » au même titre que « boubou, coiffe bretonne, chèche ou béret » –, comme l'est de son côté le CCIF qui en a fait son symbolique cheval de bataille. Quant à Sebah, il appartient à la jeune génération de musulmans nés en France qui revendiquent un islam identitaire agressif, bien moins cultuel que politique comme on l'a vu. Or qu'écrit Tuot ? « Si elle [la rage des jeunes] se portait dans l'arène politique, elle y serait mieux employée. Réfléchissons à subordonner les concours publics ou partis, syndicats, et associations, aux adhésions venues des quartiers ! » Sebah, de son côté, défend avant tout une « inclusion » des musulmans dans la vie civile – jamais une intégration, mot haï. Tuot ose écrire en écho dans son rapport : « Le terme intégration sera encore utilisé ci-après, mais par commodité de langage… l'intégration mène des populations mal définies sur un parcours incertain pour rejoindre on ne sait quoi… »

Mais que veut dire le conseiller quand il parle d'« inclusion » ? Il le définit lui-même : « Construire une société inclusive est un effort partagé par tous ceux qui résident ici ; c'est un horizon commun d'effacement des divisions, non un effort asymétrique où certains ont les droits et d'autres les devoirs ; c'est une politique publique et un mouvement de transformation sociale, non une prestation qu'on condescend à verser à certains aux dépens d'autres…

« On peut corriger les inégalités de fait – en redistribuant les richesses, en offrant une égalité de chances sinon de succès, en assistant la correction des inégalités de faculté par les égalités de soutien public. Cela ne suffit pas lorsqu'il s'agit de remédier aux origines réelles ou supposées… il faut compenser les réactions de rejet et de refus (discrimination, incompréhension, peur, *a priori*)… L'ensemble de ces actions vise à la même chose : une mise en capacité. Non pas assister, mais mettre en capacité – autant ceux que la société refuse d'inclure que cette société non inclusive elle-même… Cette mise en capacité n'est donc pas que juridique (nationalité, droits divers…) ou sociale (prestations, dispositif dédié…) – elle est aussi et d'abord sociétale (lien social, participation effective à la société dans tous les domaines, pas seulement par le sport ou le ménage ou les BTP !) et culturelle – notre culture étant celle que nous élaborons, pas un stock fini de cathédrales et de musées où périclite une identité nationale passée, sans présent ni avenir… »

Autrement dit, derrière l'abstraction du verbe, il convient d'accepter une personne ou une collectivité avec ses propres spécificités, quelles qu'elles soient, sans lui demander de les modifier. C'est le pays ou la structure d'accueil qui doit s'adapter. Non l'inverse. Quant à la dimension religieuse, elle est naturellement intégrée dans cette théorie de l'inclusion. Et pour cause, puisque, pour Thierry Tuot, l'islam ne fait pas débat. « La "question musulmane[1]", pure invention de ceux qui la posent, ne cesse d'enfler et de soucier, de polluer le débat public, et de troubler jusqu'au délire les meilleurs esprits. A l'islamisme – revendication publique de comportements sociaux présentés comme des exigences divines et faisant irruption dans le champ public et politique – répond un laïcisme de combat, furibond et moralisateur, qui mêle dans un étrange ballet les zélotes des racines chrétiennes de la France, qu'on n'attendait pas au chevet du petit père Combes, et républicanistes tout aussi intégristes, qui semblent n'avoir de la liberté qu'une idée terrifiée, où, hélas, souvent terrifiante. »

Je retiens d'abord, en républicaine convaincue – qu'est-ce que ce mépris pour la République chez un conseiller d'Etat ? –, mais terrifiée par cette comparaison, que parler et surtout inventer qu'il

1. http://www.france-terre-asile.org/images/stories/interviews-pdf/Rapport_de_Thierry_Tuot_sur_la_refondation_des_politiques_dintgration.pdf

existerait une « question musulmane » en France établit un inadmissible parallèle avec la « question juive » que les nazis ont réglée par la « solution finale » et quelques millions de morts dans les camps d'extermination. Au Havre, ce sont les mêmes éléments de langage et de pensée qui étaient à l'œuvre pour manipuler et convaincre le public de jeunes Français arabes et africains. Ensuite, je suis étonnée que Tuot donne de l'islamisme une définition aussi exacte. Il reconnaît ainsi ce qu'il est très difficile de faire entendre et admettre : c'est une très large partie de la communauté musulmane qui est aujourd'hui, au vrai sens du terme, islamiste. Ce qui change la donne.

Pour en revenir à la « société inclusive », l'aspect religieux du concept doit bien sûr être pris en charge par les mosquées, les organisations et les associations musulmanes à qui le rapporteur en laisse, délibérément et silencieusement, le soin sans aucun contrôle. Souvenons-nous de l'ouvrage sur la citoyenneté de Ramousi, bon intellectuel Frère musulman, qui était sur la table du Novotel du Havre. On peut y lire : « La "Théologie de l'inclusion" consiste en un discours visant à stimuler leur sortie de la marge [des musulmans]. Ce faisant, ils pourront se dégager des freins à la socialisation, à l'apport, à la production et à la collaboration dans tous les secteurs, qu'il s'agisse du monde des idées, de l'enseignement, des arts, de l'associatif, de la culture, etc. Les musulmans d'Occident se comptant par millions, il importe de rappeler qu'un discours religieux de l'inclusion par la citoyenneté a valeur de stimulant pour ces musulmans, au bénéfice de l'intérêt général… Le discours théologique est un travail qui tend à apporter la justification d'une citoyenneté pleinement vécue et complètement décomplexée. Il recouvre plusieurs niveaux. Différents acteurs ont des rôles à jouer à ce niveau : les éducateurs, les enseignants, les imams et, au plus haut niveau, les muftis[1]. » Thierry Tuot n'y voit aucun inconvénient : « Considérant l'islam comme une religion paisible et respectable, on incitera peu à peu les jeunes en mal d'identité à trouver ailleurs, *Inch Allah*, de quoi marquer leur rage. » *Inch Allah* ? Dans un rapport au Premier ministre ! Il était difficile pour le conseiller d'Etat de se dévoiler plus franchement.

Hélas, on a trop souvent l'impression que le mot de citoyenneté, si doux aux oreilles des Français, est un outil rhétorique dans les mains de l'islam revendicatif. Les jeunes qui ont la rage, et pas seulement

1. *Op. cit.*

les jeunes musulmans, ignorent ce qu'est la citoyenneté, ils en ont encore moins la pratique. En un quart de siècle, la dégradation est spectaculaire. Après cinq ans déjà de crise économique majeure, il est très peu probable que les cinq autres en perspective, chômage aggravé, argent plus rare – sauf pour les dealers des cités dont une minorité sont islamistes –, permettront de rectifier le tir. On est de plus en plus éloigné de la « sortie de la marge ». La hargne et l'esprit de rupture ou de rejet des ados des quartiers ghettoïsés, filles mais surtout garçons qui se tournent vers le Coran, traduisent forcément un échec de la politique et de la société. La France, fétu de paille dans la mondialisation, leader déclinant de l'Europe, lézardée par l'idéologie de la diversité, est elle-même plongée dans une grave crise identitaire. Dès lors, elle n'a plus de modèle fort et attractif à offrir. Comment des jeunes Français d'origine arabe, africaine, turque ou asiatique, tous mis dans le même sac, souvent victimes de délit de faciès, d'un racisme à l'embauche et plus encore au logement, pourraient-ils se reconnaître pleinement ou adhérer d'enthousiasme à une référence en perte de vitesse ?

Par ailleurs, de l'enfance à l'âge d'homme, les deux institutions qui les préparaient à devenir des citoyens corrigeaient des inégalités de naissance et de milieu, contrebalançaient les lourdes défaillances familiales, ont l'une dangereusement décliné, l'autre disparu. La faillite de l'école et de l'enseignement publics dont souffrent tous les élèves atteint bien plus encore ceux qui fréquentent les établissements primaires et secondaires des zones difficiles ou sinistrées. La suppression du service militaire en 1995 – justifiée sur le plan de la défense – a, elle, annulé la grande session de rattrapage national contre l'illettrisme, l'indiscipline, l'absence de valeurs et le mépris de l'autre que ce rendez-vous obligatoire, sans distinction d'éducation, de races, d'ethnies et de croyances, assurait. Les troufions apprenaient par force le « vivre ensemble ». Ce n'est pas un hasard si ces années 1989-1995, marquées par la dilution de la laïcité sous les coups de boutoir d'une nouvelle religion et la fin légale du patriotisme, déjà entamé par *La Marseillaise* que le génial Gainsbourg avait revisitée, ont contribué à enfanter de la génération islam.

Cette génération est aussi le fruit de l'assistanat poussé à l'extrême. Les sommes phénoménales qui ont été déversées depuis trente ans dans tous ces territoires l'ont été pratiquement à perte, le constat s'impose. Rien n'a été exigé en échange. Les dizaines de milliers d'associations subventionnées, de gauche communiste, socialiste ou verte, ont abondé de façon si outrancière dans la victimisation des immigrés – et, bien plus gravement, de leurs enfants français – qu'elles ont fini par en faire un statut. Une victime n'a que des droits et ne peut se sentir « de la nation ». Pas plus citoyenne, ou alors de troisième zone. Sauf à tomber dans le syndrome de Stockholm, quiconque est ou se sent martyrisé a de la haine pour son tortionnaire. L'Etat, en fermant aussi les yeux de façon irresponsable sur les considérables abus à la Sécurité sociale, aux Assedic, aux aides en tout genre qui peuvent cacher notamment la polygamie de certains musulmans et de pseudo-regroupements familiaux[1], renforce l'irresponsabilité d'un comportement social. Et détruit toute morale. L'Etat entretient le mépris à son égard de ceux-là même qu'il soutient. Mépris toujours, la pratique des impayés, sport favori de tant de familles dans ces territoires qui représentent les quatre cinquièmes des actes d'huissier. A quoi s'ajoute le mépris des fils à l'égard des parents parce qu'ils peuvent gagner, eux, sans diplômes et

1. Ces abus coûtent cher à la France et contribuent au déficit de la Sécurité sociale. Voir à titre d'exemple parmi d'autres, la commission d'enquête du Sénat http://www.senat.fr/leg/ppl09-501.html

sans job, des centaines d'euros par jour dans les réseaux et l'économie parallèle des trafics d'armes, de cocaïne, d'héroïne et autres substances dévastatrices. Le tout construit logiquement un univers de double rupture : vis-à-vis des structures, des institutions, des fondations et des autres citoyens de notre pays, et vis-à-vis des pères et des mères. Se dessine un monde de fond en comble violent, d'enfermement psychique, marqué, pour paraphraser Rimbaud, par un absent considérable : le respect. Mais d'identité, point.

Rien d'étonnant, exploitant ces failles, à ce que l'islam ait pris chez nombre de jeunes le relais de la République. A la devise Liberté Egalité Fraternité, qui réclame un effort permanent, répond, redoutable de simplicité et de paresseuse capacité mobilisatrice, *Allah Akbar*, Dieu est le plus grand. Le Coran enseigné par de piètres maîtres est présenté à ces jeunes – bien à tort – comme un livre autrement plus accessible et passionnant que les manuels scolaires, un objet intouchable de recettes millénaires régulant toute la vie qui se retient de mémoire, par une répétition obsédante, sans se penser et se discuter aussi par l'intelligence. La « nation » musulmane quant à elle apporte le réconfort d'une communauté qui abolit toutes les différences et transcende tous les Etats, pour peu que soit acceptée l'absolue soumission à Dieu. Une fraternité universelle. L'islam est un refuge, une réponse. Et un avenir.

Il l'est aussi pour des jeunes Français de plus vieille souche, plongés dans la même désorganisation de leur environnement et un identique désordre familial et intime. Selon le ministère de l'Intérieur et des Cultes, il y aurait 4 000 conversions par an et 100 000 convertis aujourd'hui, soit plus du double qu'en 1986. Les organisations musulmanes affirment que ce serait 200 000. En vérité, on n'en sait rien puisque, en ce domaine aussi, les statistiques et les études scientifiques font défaut. Aucune classe sociale n'a l'apanage de la conversion : médecins, avocats, hommes d'affaires, cadres, employés deviennent aussi des fidèles des mosquées. Mais leur démarche est la plupart du temps d'ordre spirituel. Ils choisissent généralement le soufisme, contrairement aux jeunes des banlieues et quartiers pris en main par le wahhabo-salafisme, le Tabligh ou les Frères musulmans. Les témoignages parus dans *Le Monde Magazine* sous le titre « L'islam en France, itinéraires de convertis[1] » expriment fort bien le

1. *M*, le magazine du *Monde* du 2 février 2013.

parcours et l'état d'esprit de ces nouveaux croyants de vingt ans qui font de la surenchère identitaire, affichent tous les signes extérieurs – vêtements pour les deux sexes, barbe pour les garçons – et endossent avec une ardeur néophyte les modes de pensée clivants de leur religion d'adoption. Les idoles qui leur montrent la voie, rappeurs et sportifs, viennent des mêmes territoires. Contrairement à une idée reçue, on compte parmi eux autant de Noirs que de Blancs. Mais Akhenaton, soufiste comme Abd al Malik, revenu du radicalisme, ne donne évidemment pas le même exemple qu'un Nicolas Anelka ou un Franck Ribéry (qui a prénommé son fils Seif, « Glaive de l'islam »), deux sportifs chez qui religion et comportements douteux font bon ménage. Et puis, il y a les femmes, comme Mélanie Georgiades, catholique, nom de scène Diam's, un talent formidable, une hargne douloureuse aux tripes, des trous noirs à l'âme. Elle s'est convertie à l'islam après avoir rencontré son mari. On l'a retrouvée sous un hidjab et elle s'est éloignée des planches comme si Satan lui brûlait les pieds. Du coup, la presse a craint pour les jeunes. « Si j'avais fini comme Amy Winehouse[1], est-ce qu'on aurait dit de moi

1. La chanteuse britannique est morte d'une overdose d'alcool et de drogue à vingt-sept ans en 2011.

ce qu'on a dit, d'être un danger pour les jeunes ? Prôner la paix, être quelqu'un de bon, vouloir une vie de famille. C'est ça le danger ? Finalement, je me suis dit que si ce sont ces destins "trash"-là qui les font rêver, je les laisse se "crasher" tout seuls. Moi ce n'est pas la fin que je rêve d'avoir... Je veux vous emmener sur les routes sinueuses que j'ai foulées, dans mes voyages au bout du monde mais aussi dans ce voyage au fond de mon cœur pour que vous compreniez ce qui m'a émue, ce qui m'a bouleversée, et qui m'a fait renaître[1]. » Ce *born again* est à la fois le signe de la réislamisation des musulmans et de l'islamisation des chrétiens.

La conversion elle-même est une formalité, d'une grande modernité à l'ère fast-food-zapping-Twitter. C'est aussi l'une des clés de son succès. Je me suis présentée dans une mosquée de Grenoble. En fait, une pièce faisant office de salle de prière au pied de l'escalier d'un petit immeuble du quartier Saint-Bruno. L'adjoint de l'imam nettoyait à grande eau le local pour les ablutions situé à l'arrière, dans une courette. Il m'a regardée arriver. Mon intention était d'engager une conversation et de rencontrer

1. Sur TF1, dans « 7 à 8 », Diam's est apparue en niqab. Les vidéos de l'émission ont toutes été retirées du Web.

l'imam. Il y a dix ans, il se serait méfié : une indic ? une provocatrice ? une flic ? une journaliste ? Là, pas du tout. Avant même que je n'ouvre la bouche, il m'a spontanément demandé si je venais pour me convertir : c'était sans aucun problème ! Délaissant un moment sa brosse, il m'explique qu'il faut « avoir la foi, commencer à lire le Coran, savoir et croire qu'il est la parole de Dieu révélée par lui, le Coran c'est un guide pour tout ». Après, pour être admise dans la oumma, la communauté, il faudra, devant deux témoins ou l'imam, prononcer la chahada. Il récite la phrase : « *Ach-hadou an la ilaha illa Allah wa ach-hadou anna Mohamadane Rassouloulah.* » Traduction : « J'atteste qu'il n'y a de Dieu qu'Allah et j'atteste que Mahomet est son Messager. » *C'est tout ?* « Oui, c'est tout, mais il faut travailler ta foi. » Il m'a encouragée à revenir à l'heure de la prière où je pourrai m'installer dans la pièce réservée aux femmes. Deux heures après, je m'y suis retrouvée, seule.

A la fin du culte, sortant de la grande salle, un petit homme maigre d'une quarantaine d'années, bonnet sur la tête, un converti, s'est dirigé vers moi et m'a gentiment proposé d'aller prendre un café. Pierre-Jelel vient de Marseille, de la délinquance, et il est passé par la case prison, haut lieu de la conversion à l'islam et du recrutement des radicaux dont certains passeront au terrorisme. On sent qu'il a rompu toutes les amarres, qu'il n'a personne dans sa vie : « Je ne veux pas aller avec n'importe quelle femme, ce serait pécher, j'attends de trouver celle qu'Allah me destine. » Il a rendez-vous avec sa solitude, tous les jours, dans cette brasserie ouverte au milieu d'un centre commercial. Là, il passe les heures entre deux prières à *sa* mosquée, car il n'en manque pas une. « J'étais mal barré. La foi, je l'ai acquise en taule et ça m'a sauvé. Allah m'a remis dans le droit chemin. Il y a des années, j'ai quitté Marseille pour venir ici, m'éloigner des mauvaises fréquentations, prendre un travail. Je suis dans le bâtiment et j'ai demandé à travailler dans l'équipe du matin pour pouvoir aller à toutes les prières à la mosquée à partir de midi. Les autres, je les fais sur le chantier, le patron est d'accord. Les cinq prières, c'est très, très important, ça vous structure, ça vous oblige à penser toute la journée au bien et au mal, et ça, ça vous préserve, ça vous rappelle à vos engagements. » Il a du coup la mentalité sectaire du converti, il suit à la virgule son dogme, n'admettant même pas qu'on lui souhaite joyeux Noël. Mais les imams aumôniers de prison le savent : l'islam sauve quand même des voyous.

Où serait le problème d'une réislamisation et d'une islamisation dans le respect de la laïcité républicaine s'il n'y avait le flot de haine qui est déversé au sein de cette génération islam, souvent sans qu'elle en ait pleinement conscience ? Car nous ne sommes pas tout à fait au rassemblement de Taizé ! C'est là que le bât blesse, terriblement.

Pour comprendre de quoi il retourne en 2013, il faut aller loin du 93 ou des quartiers nord de Marseille, en Palestine et en Arabie, et remonter à l'origine théologique. Les trois monothéismes abrahamiques sont d'une même terre, un mouchoir de poche à l'échelon de la planète. Deux millénaires plus tard, il reste le lieu central. Chacune, pour s'enraciner, s'est prétendue seule et unique religion révélée. La première, le judaïsme matriciel assis sur le principe de l'élection, par conséquent très peu prosélyte, a été combattue sous l'accusation de déicide par le christianisme qui en est issu ; l'islam a intégré à son tour la Vérité de chacun de ses deux prédécesseurs pour faire prévaloir la sienne, dernière en date, définitive puisqu'il n'y aura plus d'autre monothéisme dans l'Histoire, et en cela se déclare supérieure. Ainsi, Joshua, renié par les Pharisiens, intégristes juifs tout-puissants de l'époque, devient-il Jésus, le Messie, le Fils de

Dieu des Evangiles, et achève sa traversée dans le Coran en Isa, prophète messianique mais qui n'est en aucun cas Dieu, ni issu de la Trinité, même pas crucifié, le Messager d'Allah étant Mahomet seul. Le reste est affaire de conquête, d'expansion planétaire, de conversion de multitudes par la force des armes et de la foi.

Prétendre que, du côté du monde musulman, cette perpétuelle guerre de religion a déserté le champ des esprits et des populations est une ineptie. Son habit contemporain est taillé dans la politique, il ne fait pas l'imam. L'Arabie Saoudite autorise par exemple sur son sol des bases américaines, investit aux Etats-Unis, vend son pétrole, achète de l'armement à la France et acquiert les Champs-Elysées – voilà deux ou trois choses des relations internationales et commerciales. Cela ne l'a pas empêchée depuis quarante ans de mener parallèlement, chez chacun de ses partenaires (y compris les pays frères d'ailleurs), une guerre sainte intégriste sans précédent. Elle s'est traduite par un déluge de pétrodollars pour s'emparer du culte – c'est en grande partie fait en France –, chariaïser les sociétés – bien de jeunes esprits dans certains de nos quartiers le sont plus ou moins – et financer le terrorisme – les salafistes en sont ici même les derniers avatars. De son côté, la création d'Israël en 1947 a suscité aussitôt chez les pays arabes une volonté de destruction totale mais ratée. L'Etat juif avec Jérusalem, ville des Lieux saints pour les trois religions, occupant des territoires palestiniens depuis 1967 derrière lesquels font corps solidaire un milliard de musulmans, comme le disait Yasser Arafat, est dès lors devenu une obsession, et un abcès de fixation pour l'ensemble des sunnites et des chiites. C'est vrai aussi de Dunkerque à Toulon.

On ne peut rien comprendre à ce qui est à l'œuvre en France depuis des années si l'on ignore le formatage totalitaire qui se passe partout, en Iran, en Turquie, dans l'ensemble des pays arabes, mais aussi, plus secondairement pour l'instant, en Afrique subsaharienne. Depuis des décennies, génération après génération, du biberon à la mort, autour de la table familiale et dans les manuels scolaires, dans les journaux, et surtout sur les chaînes de télévision, plus récemment sur le Web, des centaines de millions d'enfants, de femmes, d'hommes sont soumis à une triple propagande : antioccidentale, antichrétienne et antisémite. Une propagande phénoménale dont on n'a pas idée. Elle passe inaperçue malheureusement, parce qu'elle se fait en farsi, en turc ou en arabe. Autant dire incompréhensible. Il n'est pas exagéré d'affirmer que pas un jour ne passe sans qu'un appel au combat, au meurtre, à la banalisation de tous les comportements les plus arriérés ou les plus barbares soit proféré par un prêcheur quelconque. Les chaînes ont pour nom Al-Jazeera en arabe avec son émission phare Al-Charia Wal Al Hayat de Qaradaoui, Iqraa, Al-Aqsa, Al-Huda et tant d'autres. Les sites islamistes donnent systématiquement leurs nouvelles coordonnées satellitaires quand elles en changent, pour que les téléspectateurs les retrouvent au plus vite. En 2004, AlManar, la chaîne du Hezbollah libanais, d'une violence inouïe, avait failli être autorisée en France par le CSA. La chaîne saoudienne intégriste Iqra émet cette année en français de la Tunisie, depuis que celle-ci est dirigée par les Frères musulmans. Enfin, il est impossible de passer sous silence les ignominies quotidiennes cathodiques à l'égard des femmes.

Or, grâce aux paraboles qui ornent les balcons français, ces délires pénètrent les foyers comprenant et parlant ces langues, turc et arabe notamment. Les âmes en sont imprégnées. Il suffit aussi d'ouvrir son ordinateur. Non seulement ces chaînes en direct mais des milliers de prêches, de discours, de conférences du même tonneau sont disponibles pour les internautes. Beaucoup de vidéos proposent des traductions pour les francophones : chaque citoyen désireux de s'informer sur le sujet devrait au moins une fois se rendre sur YouTube et Dailymotion et les chercher. Facebook et les blogs permettent aussi de mesurer les réactions à l'actualité, de suivre les discussions. Certaines font frémir. La génération islam n'aime peut-être pas la lecture, mais elle est très électronique, vidéo et audio. L'un des prêcheurs français les plus virulents, Abou Anas, donne d'ailleurs des conseils aux musulmans pour éviter eux-mêmes la *fitna*, le désordre, sur Facebook[1], c'est-à-dire d'être repérés.

Dans tous les cas de figure, cette jeunesse est plongée dans un tout-infos, en l'occurrence dans un bain amniotique haineux, qui désigne la France – encore plus depuis la guerre au Mali – et les Français juifs comme des ennemis. Comme me l'a dit à Grenoble avec l'arrogance de l'impunité un jeune vendeur par ailleurs très correct : « La France, on vous a déjà eus, on vous aura encore ! Rien à foutre ! »

---

1. Archives de proche-orient.info utilisées par différents institutionnels et par le sociologue Michel Wieviorka pour son ouvrage *La Tentation antisémite : haine des Juifs dans la France d'aujourd'hui*, R. Laffont, 2005.

Seule une veille médiatique sérieuse avec des traducteurs professionnels peut donner une idée de ce lavage de cerveau et de ce redoutable jihad sans frontières[1]. Nous l'avons faite plusieurs années durant avec le journal en ligne www.proche-orient.info, fermé en 2006. MEMRI (The Middle East Media Research Institute) poursuit. C'est un travail considérable qui nécessite de très gros moyens financiers. Il est particulièrement préjudiciable que le ministère de l'Intérieur et des Cultes ainsi que le ministère des Affaires étrangères n'assument pas cette tâche et ne dégagent pas les fonds nécessaires. Simple question de volonté politique. Sans doute aussi prise de conscience qu'il s'agit d'une jeunesse ici et maintenant, pas seulement d'un ailleurs. Il est tout simplement anormal, voire « antifrançais », pour reprendre une expression du sociologue Emmanuel Todd à propos de l'islamophobie, que le rapport sur l'inclusion de Thierry Tuot au Premier ministre fasse l'impasse là-dessus.

Et c'est précisément en raison de cette « formation islamique continue » que le contexte éducatif revêt une importance capitale. Les musulmans, comme les catholiques et les juifs, souhaitent avoir

1. www.youtube.com/watch?v=KmjtOFsC2wM

leurs écoles et leurs instituts. Rien de contestable. Mais pour y enseigner quoi et comment à leurs enfants ? Quand ils ne sont pas dans l'école de la République, quelles valeurs sont inculquées à ces jeunes ? La loi de 2004 sur l'interdiction du port de signes religieux a été un détonateur. Elle a servi de prétexte à la déscolarisation de nombreuses ados, ce qui laisse rêveur sur le choix des familles, plus exactement des pères, en faveur de la religion plutôt que des connaissances. Mais il vrai qu'il s'agit de filles… La détérioration de l'enseignement public n'est pas étrangère non plus à ce boom prévisible. Entendre l'imam de Bordeaux, Tareq Oubrou, dire : « Mais vous avez vu ce que c'est devenu ? Je ne suis pas fou ! Vous croyez que je vais mettre mes enfants là ? Non, non, ils sont dans des écoles privées catholiques[1] » ne manque pas de piquant. D'où un fort essor depuis dix ans des écoles coraniques et des écoles privées musulmanes dont Michèle Alliot-Marie, ministre de l'Intérieur, s'était rendu compte que les autorités n'en savent à peu près rien. L'étude[2] qu'elle avait demandée avant de quitter son poste en 2009, publiée par

1. Entretien avec l'auteur du 17 novembre 2012.

2. Elle a été réalisée entre septembre 2009 et juillet 2010 par l'Institut d'études de l'islam et des sociétés du monde musul-

le quotidien *La Croix*, en fait un premier recensement. Le but était de mieux cerner les contenus et d'encadrer cet enseignement islamique. Sauf que, dans ce document, rien, absolument rien, n'éclaire sur les contenus. On n'est guère avancé. L'étude distingue certes trois sortes d'établissements dont deux principales : les écoles coraniques et les écoles privées élémentaires et secondaires. Les premières dépendent presque toutes des mosquées dont on a vu les liens avec les pays et les courants d'origine. Aujourd'hui, près d'un tiers de ces 2 300 lieux de culte enseignent trois fois par semaine l'arabe et l'islam, côté association culturelle, et environ 40 000 enfants suivent ces cours. Quand on connaît l'obédience de la plupart des responsables du culte et leur idéologie, il y a de quoi s'inquiéter. De plus, contrairement à ce que prétend ce rapport, il y a nombre d'écoles coraniques clandestines, des medersas, là où subsiste « l'islam des caves ». Pour les deux qui sont répertoriées, l'étude précise qu'elles sont l'une du Tabligh, l'autre salafiste, ce qu'il y a de plus radical. Nazim Belabdelouahab, en voulant enquêter sur celle que nous avions repérée rue Anatole-France à Saint-Denis, le « Centre

---

man, l'IISMM, et l'Ecole des hautes études en sciences sociales (EHSS). Disponible sur www.west-info.eu/files/Rapport4.pdf

du Palmier », s'est fait éconduire sans plus de manières. Une école wahhabite. Quant aux neuf écoles privées, ce sont les Frères musulmans qui les financent : l'investissement dans l'éducation est déterminant à leurs yeux, pour soustraire leurs jeunes au public, pour lutter aussi contre la diffusion du wahhabisme.

Il est certain que sans concours de l'Etat ces établissements coûtent cher. D'ailleurs, les problèmes de trésorerie abondent. Si tout était limpide, il devrait donc y avoir prolifération d'établissements sous contrat, l'Etat y assurant une part très importante du budget de fonctionnement. Or, il n'y en a que trois. Le plus réputé : le lycée Averroès de Lille, géré par Amar Lasfar. Patron urbain d'une agence de voyages, côté civil. Membre de l'UOIF, imam incendiaire contre la France dans sa mosquée de Lille-Sud, côté religieux. Protégé de Martine Aubry, qui a compris depuis longtemps de quel côté penche la force et portent les voix électorales. Curieusement, les organisations musulmanes sont réfractaires à ces contrats d'association. Pour ne pas dire hostiles. On ne peut s'empêcher de penser qu'elles veulent rester maîtresses des contenus, des enseignants, qu'elles rejettent et redoutent l'œil de l'Etat. Une attitude pour le moins suspecte. Pourtant, ce serait la meilleure façon de proposer aux jeunes musulmans un cadre apaisant qui réconcilie l'islam et la République.

Au lieu de quoi, un certain nombre d'entre eux qui grandissent dans les établissements publics cherchent à y imposer une parcelle de « licite » après l'autre. Ils ne sont pas les seuls à s'asseoir sur la laïcité scolaire. Professeurs, proviseurs évoquent des enfants et des ados de familles chrétiennes intégristes et évangélistes, et plus encore de familles juives qui contreviennent sans vergogne aux règles. Mais ils les enfreignent plus, par exemple, par l'absentéisme le vendredi après-midi et le samedi pour les juifs, qu'ils ne tentent d'imposer à tous leurs propres rites et lois. Par ailleurs, comme sur tout le reste, le nombre fait l'épreuve. En 2004, Jean-Pierre Obin, inspecteur général, a dirigé une enquête et présenté un très argumenté « Rapport sur les signes et manifestations d'appartenance religieuse dans les établissements scolaires[1] ». Ce travail a été mené en tenant compte de la diversité des contextes, en particulier des quartiers et de la pratique religieuse exponentielle qu'ils connaissent. Il dressait à l'époque

1. Disponible en ligne sur ftp://trf.education.gouv.fr/pub/edutel/syst/igen/rapports/rapport_obin.pdf

Par ailleurs, Jean-Pierre Obin a ouvert un site très intéressant : www.jpobin.com/index.htm

un panorama aussi maîtrisé que sévère de l'ensemble des comportements.

De ce rapport, il ressort que le prosélytisme musulman et les méthodes d'intimidation, d'agression, voire de violence qui l'accompagnent, dans de nombreux cas, sont de loin ceux qui mettent le plus en péril l'édifice. Le document ne parle pas abstraitement mais relate à chaque page telle ou telle attitude des élèves eux-mêmes, petits et grands, du primaire et du secondaire. Les têtes de chapitre sont à elles seules éloquentes : régression de la condition féminine, déscolarisation, signes et tenues vestimentaires, nourriture, calendrier et fêtes, prosélytisme, refus de la mixité et violences à l'égard des filles, antisémitisme et racisme, contestations politico-religieuses des cours, éducation physique et sportive, les lettres et la philosophie, l'histoire, la géographie et l'éducation civique, les sciences de la vie et de la Terre, les disciplines artistiques, les sorties scolaires « devenues un sujet de préoccupation majeure pour les enseignants et les personnels de direction »... La liste non exhaustive donne une idée de l'étendue de ces « évolutions inquiétantes ». Obin en appelle bien sûr à développer la mixité sociale pour briser ces classes homogènes dans lesquelles restent entre eux ces jeunes des cités ; à former les professeurs à répondre à ces contestations – ils ne le sont toujours pas ; il demande de piloter plus fermement à tous les niveaux, politique inclus. Il conclut, à propos de l'évitement des conflits, inspiré par la peur et une compréhension compassionnelle : « C'est là où l'on a transigé, où l'on a reculé, passé des compromis, comme on l'entend dire souvent, que nous avons constaté les dérives les plus graves et les entorses les plus sensibles à la laïcité. On nous a décrit en de nombreux endroits, et nous avons nous-mêmes observé, les conséquences désastreuses pour les établissements scolaires d'une telle stratégie de la paix et du silence à tout prix, face à des adversaires rompus à la tactique et prompts à utiliser toutes les failles, tous les reculs et toutes les hésitations des pouvoirs publics, et pour lesquels un compromis devient vite un droit acquis. » Et d'insister sur le courage et la lucidité indispensables pour sauver la « cohésion nationale et la concorde civile ». Les plus courageux et les plus lucides des responsables musulmans – il y en a – ne sont pas plus tendres. Et chacun sait que, depuis 2004, les choses ont empiré. Ce dont ne semble aucunement se préoccuper Vincent Peillon, tout à ses calendriers scolaires. Avant d'inclure, il est plus que temps d'ouvrir ce dossier sans préjugés, sans tabous. Et sans crainte.

Mohamed Merah, héros franco-algérien

Toulouse, 11 mars 2012, 16 h 10, sur un parking. Son Colt 45 dans la main, la même arme que celle de Jacques Mesrine dont il admirait tant la mort bravache sous les tirs des flics, Mohamed Merah, franco-algérien, vingt-quatre ans, dit au parachutiste Imad Ibn Ziaten, vingt-neuf ans, franco-marocain musulman, venu lui vendre sa moto : « Tu tues mes frères, je te tue », et lui tire une balle dans la tête. Il lui avait tendu un piège sur le Web, un *modus operandi* terroriste utilisé pendant la deuxième Intifada par les Palestiniens ou les Arabes israéliens. Inédit en France.

Montauban, 15 mars 2012, 14 h 10, devant un guichet automatique bancaire où trois jeunes militaires retirent de l'argent. Mohamed Merah, que la Légion étrangère n'a pas accepté dans ses rangs, tire à bout portant dans la tête et le dos d'Abel Chennouf, vingt-six ans, franco-algérien, un Kabyle catholique, de Mohamed Legouad, vingt-quatre ans, franco-algérien musulman, et de Loïc Liber, vingt-huit ans, français antillais, grièvement blessé, infirme à vie. Merah s'enfuit au cri de « *Allah Akbar !* ».

Toulouse, 19 mars 2012, 8 heures, devant l'école juive orthodoxe Otzar Hatorah. La plupart des élèves ont déjà passé le portail, ce que Merah regrettera car il aurait « pu en tuer plus ». Il ouvre le feu en direction de la cour. Il abat sur le trottoir le rabbin et professeur Jonathan Sandler, franco-israélien, trente ans, ses deux fils, Arieh, six ans, et Gabriel, quatre ans, qu'il achève alors que l'enfant rampe contre les corps de son père et de son frère. Ce n'est pas sans rappeler la mort du petit Mohamed Al Dura à Gaza dont les images ont fait le tour du monde et donné son ampleur à la deuxième Intifada. Merah pénètre ensuite dans l'espace de récréation, blesse grièvement Aaron Bijaoui. Puis il court après Myriam Monsonego, huit ans, attrape la fillette terrifiée par ses longs cheveux blonds, pointe sur elle un Parabellum qui s'enraie, le change rageusement pour son Colt 45, met le canon sur la tempe de la petite et, les yeux dans ses yeux, d'une balle, la tue. Dans l'histoire contemporaine des attentats, c'est une première en France.

Toulouse, 22 mars, dans son appartement du 17, rue du Sergent-Vigné, dans le quartier de Côte-Pavée. A l'issue d'une nuit de siège, Mohamed Merah est abattu par les hommes du RAID, après avoir beaucoup parlé, durant d'interminables heures de folie narcissique, et dit combien il avait « pris plaisir à tuer ». Sept ennemis d'Allah selon Merah, qui a soigneusement programmé ces tueries, les a filmées de bout en bout et envoyées inutilement à la chaîne qatari Al-Jazeera pour qu'elles fassent le tour de la planète musulmane. Des Blancs, un Noir, des Arabes, un Kabyle, des musulmans, des chrétiens et des juifs, presque toute la diversité ethnique et cultuelle française était dans sa ligne de mire.

On sait le haut-le-cœur de la République et de l'opinion, unanimes devant cette barbarie survenue en pleine campagne présidentielle placée sous le signe de « l'islam sans gêne » par Marine Le Pen et Nicolas Sarkozy. Il y a eu également de l'effroi, et un effroi durable. Découverte d'abord que ce terroriste n'était pas un étranger venu d'ailleurs, mais un jeune Toulousain des territoires paumés de l'intégration qui se déclarait et se vivait français. Révélation ensuite à travers ce petit Ben Laden de l'existence des salafistes – un mot qu'il a fallu apprendre. Quand un événement aussi tragique survient, il revêt toujours une très forte charge symbolique. La nation, porteuse de la mémoire coupable de la Shoah, d'une angoisse viscérale devant un nouvel antisémitisme musulman, vert et d'extrême gauche qu'elle a longtemps sous-estimé et ne sait pas éradiquer, n'a pas tout à fait accordé le même traitement aux sept victimes. C'est une faute, car tous ces morts sont ses enfants. Outre la communauté juive, au sens large, les musulmans étaient donc à double titre les premiers concernés par les meurtres de Mohamed Merah.

Il est extrêmement rare qu'un imam et théologien ose parler sur le fond d'une violence extrême dont un musulman est le coupable et le centre. Dans sa mosquée de Bordeaux où se réunissent chaque vendredi environ 900 hommes et femmes, l'imam Frère musulman et soufi Tareq Oubrou, comme bien des Français, a d'abord cru à des actes d'extrême droite : « Quand nous avons appris que des soldats musulmans avaient été froidement abattus, l'émotion était déjà grande. Mais l'idée que l'assassin puisse être musulman n'effleurait personne[1]. » Pourtant, partout dans le monde aujourd'hui, les

1. Tareq Oubrou, *Un imam en colère*, *op. cit.*

plus meurtriers ennemis des musulmans sont des musulmans. Mais jusqu'à Mohamed Merah, il était impensable que cette vérité devienne à son tour une vérité française. Elle est passée à peu près inaperçue et n'a guère fait réfléchir. Or, c'est là encore une première dans l'histoire moderne du terrorisme islamique en France. Probablement l'aspect le plus inquiétant de « l'affaire Merah ».

Après la tuerie des enfants juifs, continue Oubrou, « la communauté et les responsables commencèrent à paniquer. Tout le monde craignait le pire… et le pire s'est confirmé… Pour les musulmans, fatigués de voir leur religion sans arrêt associée à la barbarie et à la violence, c'est un coup de massue. Personne de sensé ne peut accepter que sa religion serve d'étendard pour justifier de telles atrocités ». Un certain nombre de responsables religieux musulmans comme l'imam de Bordeaux, solidaires des chefs spirituels des autres cultes, ont participé localement à des manifestations conjointes et condamné sans ambiguïté les assassinats. Une poignée, sur les 2 052 que l'on n'a pas entendus du tout. Pourquoi faire semblant de l'ignorer ? Une bonne partie d'entre eux, dans le secret de leur cœur et de leurs échanges privés, ont éprouvé de la satisfaction et de la fierté pour le jihad mené par Merah. Ce n'est pas sans importance ni sans conséquences.

Quant aux fidèles, pour décrire leurs réactions et leur cheminement, mieux vaut laisser la parole à l'imam. « A Bordeaux, dans ma communauté, le choc a été tel que la plupart des gens ont préféré éviter le sujet. Plutôt que de se poser mille questions ou d'engager le débat comme dans le reste de la société, ils se sentaient personnellement visés, mal à l'aise, et se réfugiaient dans le silence. » Difficulté insurmontable à s'assumer en tant qu'individu libre de sa pensée, de son opinion et de sa conscience, impossibilité psychique de condamner une brebis galeuse sans avoir le sentiment coupable de trahir la communauté tout entière : la patrie des Lumières a échoué à convaincre même les citoyens qui sont loin d'être parmi les extrémistes. « D'autres, pour se donner collectivement bonne conscience, s'accrochaient à l'idée d'un complot contre les musulmans. » Toujours la même antienne depuis les attentats du 11 Septembre, un révisionnisme immédiat entretenu par des intellectuels et des responsables associatifs ou autres, esprits dévoyés incapables de regarder la réalité en face. La théorie du complot était d'ailleurs aussitôt mise en avant sur Facebook et reste vivace jusqu'à ce jour. A Grenoble, l'adjoint de l'imam que je questionnais sur Merah m'a répondu : « Ça tombait trop bien, cette histoire. Ils étaient dans leurs élections, ils l'ont montée ! Ça n'a jamais existé ! Les choses, c'est vrai seulement quand on voit les gens discuter face à face à la télévision, pas quand celui qui doit parler est mort. » Rien ne peut entamer cette dénégation, même pas que Souad, l'une des deux sœurs de Merah, piégée par une caméra, dise à quel point elle est « fière » de son frère qui « est allé jusqu'au bout et a sauté le pas[1] ».

Oubrou poursuit : « Dans cette affaire, il y a surtout eu les non-dits. Les questions non formulées mais bel et bien tapies dans certains esprits : “Des Palestiniens meurent là-bas, pourquoi pas quelques juifs ici ?”… » Dans son salon tapissé de milliers de volumes de théologiens musulmans et de sciences humaines lus et annotés, il n'hésite pas à dire ce qu'il croit qu'un religieux et homme de foi digne de ce nom doit dire aujourd'hui. Cela se passe autour d'un délicieux couscous préparé par son épouse Khadidja. Femme de tête, qu'elle a ceinte d'un turban, elle travaille de nuit dans un foyer pour filles et cuisine chaque samedi les repas gratuits distribués sur une place de

1. « Enquête exclusive », de Bernard de La Villardière, M6, novembre 2012.

la ville pour les pauvres de sa communauté, travail social rigoureux des associations musulmanes qui assure une fidélité. Elle est aussi la sœur… de l'imam radical et antisémite Hassan Iquioussen. « Ah, mon frère… on n'est pas obligé de penser la même chose, heureusement n'est-ce pas ? Chacun de mes autres frères et sœurs a un très bon métier, une famille très stable, nous sommes des Français sans problèmes, bien intégrés ! » Il y a là aussi leur fils aîné qui prépare son bac dans une école privée catholique, et la charmante mère de Tareq Oubrou venue d'Agadir, professeur de français à la retraite, une laïque qui pouffe de rire quand je lui fais remarquer qu'elle n'a toujours pas l'air de comprendre comment, avec son défunt mari directeur d'école, tout aussi laïc, ils ont pu faire un fils Frère musulman. Oubrou : « Dans notre fédération de la Gironde, nous ne laissons pas beaucoup de place au conflit israélo-palestinien. Mais dans presque tous les milieux musulmans, on ne parle que de ça ! C'est obsessionnel. Les jeunes sont immergés là-dedans. Je comprends très bien que l'on soit indigné par cette injustice, je le suis. Mais en faire un discours quotidien, c'est fuir devant nos propres problèmes qui sont énormes. On vit par procuration un conflit qui n'est pas le nôtre. Laissons les Palestiniens gérer leurs affaires ! C'est le meilleur service qu'on puisse leur rendre. D'ailleurs, ils ne nous demandent rien du tout ! » Si les islamistes de Gaza et ceux de Cisjordanie sautaient de joie en apprenant les tueries de Merah, comme à chaque attentat en terre impie, le Premier ministre de l'Autorité palestinienne, Salam Fayyad, a en effet aussitôt adressé un message courroucé aux adeptes de Merah et à ceux qui seraient tentés de pactiser ou de l'excuser : « Il est temps que ces criminels cessent de faire du commerce avec leurs actions terroristes au nom de la Palestine, ou de prétendre à une victoire pour les droits des enfants palestiniens, qui ne demandent qu'à vivre une vie normale[1]. » Oubrou : « Depuis la création d'Israël, les jeunes ici font une confusion entre cet Etat et les juifs. Le politique a pris une dimension théologique et dogmatique. Il faut beaucoup de lucidité pour séparer les deux, et ils ne l'ont pas. Entre les juifs, les sionistes, l'Occident, l'Amérique, la France, leur cerveau est une vraie chakchouka ! » *Mais Merah a bien tué des musulmans aussi, ça ne les fait pas réfléchir ?* « Non. Ils préfèrent qu'on tue dix musulmans si ça permet de tuer un juif ! Pourvu qu'on tue un ennemi ! J'ai développé une allergie à ça. Le problème des musulmans, ce sont les musulmans eux-mêmes. »

1. Communiqué officiel du Premier ministre palestinien du 21 mars 2012.

Oubrou, devant les dérives psychologiques qu'il pressentait, et contrairement à son habitude, a jugé de son devoir, trois vendredis de suite lors de la prière, de faire des sermons pour démonter le terrorisme, parler de la citoyenneté et de la République. Comme il est par ailleurs impliqué dans le dialogue interreligieux et qu'il s'est aussi rendu à Auschwitz, il ne se fait aucune illusion sur sa réputation quoiqu'il soit un théologien respecté : « Pour eux, je ne peux pas être autre chose qu'un harki. » Il rit et hausse les épaules : « C'est leur affaire ! »

Comme est un « harki » et un « traître » Abdelghani, trente-sept ans, un des frères aînés de Merah, en rupture avec sa famille. Le milieu hip hop l'a mis en pièces sur Facebook. « Un fils de pute », selon le rappeur Rim'K du collectif « Maghreb United ». Une « poukave » [balance] pour DJ Moons qui a qualifié d'histoire de « Père Noël » l'affaire Merah. Tout ça parce que Abdelghani, sous la plume de Mohamed Sifaoui, a raconté sa famille et son idéologie dans un livre et dans une émission[1]. Notamment que, depuis leurs premiers pas, les cinq fils et filles des Merah

1. Abdelghani Merah, *Mon frère, ce terroriste*, avec Mohamed Sifaoui, Calmann-Lévy, 2012 ; et « Enquête exclusive », de Bernard de La Villardière, M6, novembre 2012.

ont trempé dans la haine : « Ma mère a toujours dit que les Arabes sont nés pour détester les juifs, et cela c'est une phrase que j'ai entendue tout le long de ma tendre enfance. Mohamed a baigné dans tout cela, et les salafistes ont récupéré la bombe déjà prête à exploser… Mes deux neveux, on leur apprend aussi la haine du juif, la haine du mécréant. Quand on leur montre des vidéos de jihad, on ne leur explique pas qu'ils sont dans le faux[1]. »

Si l'on a beaucoup parlé des deux tour-opérateurs jihadistes de Merah au Proche et au Moyen-Orient, en Afghanistan puis au Pakistan et au Proche-Orient durant l'année 2010, on ne s'est pas attardé sur son passage en Israël[2]. Un séjour beaucoup plus risqué, auquel il tenait énormément et dont il a rendu compte dans la foulée, en Egypte, à son frère et mentor salafiste Abdelkader, présent au Caire pour suivre prétendument des cours de religion, en réalité pour entrer en contact avec des cellules d'Al-Qaïda. Quelques heures à très forte charge émotionnelle pour le terroriste dans lesquelles il a puisé un surcroît de force et de détermination.

1. *Op. cit.*

2. Le Shin Bet, service secret israélien, a prévenu la DCRI que Merah était passé par Israël.

Le rêve de ce kamikaze en puissance – qui a déjà décidé dans sa tête de passer à l'acte dans son pays – s'accomplit : grâce à son passeport français, il est à Jérusalem, « sa » ville sainte ! Il a passé un check point sur le Jourdain, observé rageusement l'humiliante fouille à laquelle ses frères sont soumis ; à l'horizon vers le désert, il a vu le mur qui dresse ses 8 mètres de séparation entre eux et la liberté. Il va prendre maintenant la rampe des Moghrabi [Maghrébins] pour se rendre sur le mont Moriah. Elle longe le mur ouest du temple des juifs, le Mur des lamentations. De là, tout en grimpant, il regarde se prosterner les hommes et les garçons avec des papillotes d'un côté, les femmes et les filles tête couverte de l'autre, gardés sur les hauteurs par des soldats de Tsahal. Il voudrait les tuer tous, son sang bat fort, mais il doit se taire pour l'instant. Il est transporté quand il foule enfin le dallage lustré du *Haram al-Sharif*, l'esplanade des Mosquées, ponctuée de hauts cyprès, il entre exalté dans la mosquée Al-Aqsa, s'agenouille et se prosterne, remercie Allah, puis il se dirige vers le dôme du Rocher et sa magnifique coupole d'or, mais pour lui l'architecture importe peu, il accompagne Mahomet qui a fait jusqu'ici son voyage nocturne à cheval. Il sera digne du Prophète ! En attendant, il a bien trompé son monde, il n'est pas peu content de lui. A peine revenu en France, Merah, définitivement embringué dans le jihad, se rendra très vite en Algérie. Il veut apprendre le Coran par cœur, mais en français puisqu'il ne parle pas l'arabe – et il n'y aura aucun imam qui en soit capable ; il cherche à rencontrer une femme halal avec laquelle contracter mariage, et tentera en vain de rejoindre les maquis d'Aqmi au Mali, puis une école coranique à Tizi Ouzou. Il est si fier de sa visite sur le *Haram al-Sharif* que c'est une des premières choses dont il parlera à son père, au bled. Lequel dit aujourd'hui : « Oui, mon fils y est allé, *Inch Allah* ! C'est le rêve de chaque musulman d'aller là-bas[1] ! » Merah s'en vantera aussi auprès de tous ses potes de son quartier des Izards, certainement le lieu de tous les secrets sur « l'affaire Merah ». Il fait leur admiration : Jérusalem, plus fort encore que le pèlerinage à La Mecque ! Après sa mort, ils organiseront une marche silencieuse à sa mémoire.

Ces jeunes des Izards, totalement solidaires de Merah, une femme magnifique est allée à leur rencontre. La mère d'Imad Ibn Ziaten. Elle s'est approchée d'un groupe dans la rue et elle a évoqué le terroriste sans se dévoiler. Ces jeunes lui ont dit

1. Propos rapportés à l'auteur.

sans aucune honte tout le bien qu'ils pensaient de leur camarade. Aujourd'hui encore, oubliant ses victimes françaises musulmanes, ils réaffirment qu'il a bien fait de tuer des juifs. Latifa a créé depuis l'Association pour la jeunesse et la paix qui porte le nom de son fils. Elle raconte à des élèves devant qui elle est allée parler, puisqu'elle porte sa parole de collèges en quartiers : « Ce n'est pas facile pour moi, j'ai beaucoup souffert, pleuré... J'ai voulu voir, à Toulouse, le quartier où a grandi Merah. J'y ai rencontré des jeunes qui considèrent que c'est un martyr. Ils se sont excusés quand j'ai dit qui j'étais. Mais j'ai vu la haine dans leurs yeux[1]. »

Elle sait mieux que quiconque pourquoi celui qui a tué son enfant est vécu comme un martyr. Elle sait aussi qu'il n'y a pas seulement ceux des Izards pour voir en lui un héros, mais toute une jeunesse française. Les réseaux sociaux sont la *vox populi* musulmane et un considérable amplificateur d'émotions, de sentiments et de faussetés qui, à force d'être répétées et reprises, deviennent des vérités. Sur Facebook, une page d'hommage à Mohamed Merah, ouverte dès qu'il a été abattu et tout de suite interdite, a reçu près de 500 visites et messages en quelques heures. Celui du créateur de

1. Propos rapportés dans *Ouest-France* du 31 janvier 2013.

la page : « 400 policiers pour une seule personne… vive la France ! » Une internaute : « Et malgré ça il a réussi à en blesser trois. Voilà un brave homme », smiley en forme de cœur à l'appui. Sur Choualbox, un autre : « Il a mis la France à ses pieds, qu'Allah lui ouvre les portes du paradis », et encore un : « Des salauds. Un contre tous et il les baise tous. Bien mon frère ».

Et cela allait très au-delà d'un noyau dur. Quand le ministre de l'Intérieur a préconisé d'observer une minute de silence dans tous les établissements scolaires pour les trois enfants juifs assassinés, beaucoup, beaucoup d'élèves ont refusé. On en a même vu un se lever dans une classe et faire le salut nazi. Des professeurs aussi ont rejeté l'idée du recueillement. Les témoignages abondent de propos de soutien tenus par des enfants ou des ados, un peu partout. J'ai moi-même été confrontée au mieux à un refus gêné, au pire à une approbation sans ambiguïté. Comme ces deux-là, se rejetant effrontément la balle : « Merah, Merah, tu sais qui c'est toi, Merah ? – Ah ! C'est pas celui qui a tué les merdeux ? » L'immense majorité n'approuve pas les meurtres, tant s'en faut. Mais elle admire le « résistant ». Résistant glorieux à la France, à son armée, à ses flics. Cette admiration l'emporte finalement sur la condamnation des tueries, ce qui en dit long sur la perte du sens moral, sur le gouffre qui s'est ouvert entre une France et l'autre. Elle conduit au bout du compte à exonérer Merah puisqu'un résistant est d'abord la victime d'une oppression, d'un système totalitaire ou d'une occupation.

Les propos de Jamel Debbouze, enfant de Trappes, sont tout à fait révélateurs. *Le Parisien*[1] rapporte ce que disait le comédien et comique de Merah : « C'est terrible, ce qu'on est en train de faire avec cette histoire de Toulouse. Au lieu de dire que Mohamed Merah est un marginal, que son acte est un acte isolé, on lui donne une idéologie qu'il n'avait pas au départ, c'est certain. Je les connais les Mohamed Merah, il y en a plein des Mohamed Merah, mais qui ne deviennent pas des Mohamed Merah. Là, on est en train de mettre dans la tête de jeunes qui ont le potentiel de Mohamed Merah de devenir des Mohamed Merah. Car, d'un coup, ce Mohamed Merah a défié le RAID tout entier… Pour certains imbéciles, il y a une espèce de fierté et ils en font une sorte de héros. C'est là

1. *Le Parisien* du 29 mars 2012. http://www.leparisien.fr/faits-divers/jamel-debbouze-ulcere-par-l-affaire-merah-29-03-2012-1929996.php

où c'est grave, où c'est dangereux. La récupération est terrible ! Par Marine Le Pen, par exemple. Or, c'est con d'instrumentaliser un truc qui peut avoir des conséquences aussi dramatiques. Ils ne s'en rendent pas compte car ils ne connaissent pas la banlieue, ils ne savent pas dans quel marasme sont ces gens-là qui vivent des frustrations permanentes… N'importe quel frustré est un malade potentiel. On le sait. N'importe qui peut basculer. Je me demande d'ailleurs comment le monde reste aussi équilibré. Les gens devraient être encore plus fous que ça. Mais ça va, ça tient pour des raisons qui nous échappent. Donc, évidemment, un gamin instrumentalisé par la société – il est sorti frustré de prison ; on lui a dit non pour le service militaire ; on lui a dit non pour la Légion où, normalement, on accepte tout le monde –, exclu de la société, a tous les risques de basculer. » Autrement dit, non seulement la République est l'unique fautive, mais si surgissent d'autres Merah, ce sera aussi de sa seule responsabilité.

Au fond, c'est Latifa Ibn Ziaten qui lui répond le mieux et se fait l'écho de populations qui, dans les cités et les quartiers, résistent elles aussi : à la tentation du pire. « Ce n'est pas parce qu'on souffre qu'on doit devenir terroriste. Il faut se battre loyalement pour faire sa place : continuer ses études, trouver des stages, respecter ses professeurs. Il faut demander de l'aide si on en a besoin. C'est sûr, c'est dur… Mais quand on veut, on peut… J'ai appris le français au centre social et le Vélosolex avec des voisins. J'ai vendu des salades sur les marchés… Il ne faut pas que cette France-là disparaisse… Mon fils était un garçon chaleureux, ambitieux, fier de servir son pays… Mes enfants ont tous un métier aussi. Je les ai élevés dans une double culture, c'est ça la richesse… L'islam, c'est la paix et une affaire privée… Trois fois j'ai demandé au président Hollande de m'aider à aider les jeunes qui souffrent pour qu'il n'y ait pas d'autres Merah[1]. »

Il est faux de prétendre, comme le fait Debbouze, que le jeune terroriste a acquis une idéologie qu'il n'avait pas au départ. Le Français Merah est d'abord le fruit de l'Algérie, d'une famille algérienne. Le martyr, à toutes les époques, y occupe une place centrale. Comme tous les Algériens et Franco-Algériens depuis l'indépendance en 1962, Merah a été entretenu, pour commencer, dans un récit familial très particulier et tout à fait exact : « Nous les Algériens, et nous seuls, on a battu la

1. Propos rapportés dans *Ouest-France* du 31 janvier 2012.

France ! On a sacrifié un million de martyrs pour la mettre à genoux, la chasser de notre terre musulmane ! Elle n'est pas forte. Ne l'oublie jamais ! » Sauf les Afghans avec l'ex-URSS, les autres musulmans n'ont en effet jamais réussi nulle part à mettre dehors par eux-mêmes l'occupant. Tout le reste est une histoire de défaites. La Fédération de France du FLN qui pendant huit ans jusqu'en 1962 a contraint chaque immigré en France à cotiser pour financer personnellement la guerre – et la victoire – a joué un rôle déterminant. Mobilisateur sur le très long terme. Or les Algériens et leurs enfants franco-algériens sont de loin les plus nombreux parmi ce qu'il est convenu d'appeler les immigrés. Ils sont restés porteurs de leur histoire de libération et de cette gloire. Elle se transmet de génération en génération, potion magique contre les échecs et les humiliations quand ils sont trop lourds à supporter, vivifiant aussi rancœurs et complexes. Le père de Mohamed Merah d'abord, sa mère, son beau-père ont entretenu le garçon comme ses frères et sœurs dans la glorification permanente du chahid, du martyr, constitutive de la personnalité algérienne.

Quand Merah naît le 10 octobre 1988, le jour même où une énorme manifestation d'islamistes du FIS que soutenait son père s'est achevée par des morts à Alger, dans le quartier de Bab-el-Oued, un an avant l'affaire du foulard islamique, cet antagonisme nourricier avec le pays d'accueil pour les adultes, la patrie ou ce qui devrait l'être pour les enfants, relève encore du huis clos intime. Le ressort qui transformera cette inimitié éclatée en une idéologie consensuelle n'est pas encore libéré. Bien malgré lui, Jacques Chirac va le faire en 1995 lorsqu'il devient président de la République. Avec son discours du Vél d'Hiv reconnaissant la culpabilité de la France dans l'élimination des juifs, il a ouvert la boîte de Pandore. « Pourquoi eux et pas nous ? » : les Français d'origine algérienne se sont alors peu à peu ouvertement ressaisis de la colonisation, lui ont progressivement donné une importance nationale, l'ont indirectement imposée dans les livres d'histoire, ont relooké la haine de la France – sifflant *La Marseillaise* dans un stade à Paris dans l'idée que l'Algérie peut la battre une deuxième fois symboliquement, ballon au pied – et ils ont plongé dans l'esprit de revanche. Dans lequel baignait forcément Mohamed Merah.

Le discours du Vél d'Hiv survient alors que par ailleurs tous les Algériens, la famille Merah en pleine dislocation n'y fait pas exception, sont tombés durant la décennie 90 dans un immense trou noir. A la fin des fins, aussi peu glorieux qu'avait été triomphale la décolonisation : une guerre civile. Seuls les Algériens qui ont fui la sauvagerie des islamistes pour se réfugier en France, des diplômés, des intellectuels, des enseignants, des avocats, des médecins, une *upper middle class* laïque de croyants, d'agnostiques ou d'athées, acceptent d'évoquer cette période tragique de l'histoire algérienne. Pas précisément des supporters des tueries de Merah, on s'en doute, en qui ils discernent le signe annonciateur d'une terrifiante resucée. Mais que les autres, gênés d'avoir préféré rester bien au chaud en France ou complices silencieux des islamistes, répugnent à en parler ! Les jeunes encore plus que leurs aînés. C'est saisissant : ce vendeur à Grenoble, par exemple, en fait long comme le bras sur sa grand-mère qui a tant souffert dans les années 1950 sous le joug des colons, mais il s'enferme dans le mutisme quand je l'entretiens de cette guerre civile. Evidemment, il ne s'agit plus là de libérer Jérusalem ou de se libérer d'une puissance étrangère, mais de musulmans ayant tué sans contestation possible des musulmans. Un tout autre miroir. Les atrocités du GIA (Groupe islamique armé) et du GSPC (Groupe salafiste pour la prédication et le combat), les égorgements, les bombes, les massacres de villages entiers, enfants compris, boyaux pendus aux arbres en guirlandes, voilà qui n'est guère valorisant. Ces jeunes font l'impasse totale sur les 200 000 morts qui de près ou de loin ont forcément touché leur famille, là-bas et ici. Les autorités algériennes, si sourcilleuses dès que la France est concernée et qui y gèrent le culte à travers la Grande Mosquée de Paris, n'ont pas aidé du tout à l'examen rationnel, au travail de lucidité sur la décennie tragique : la « concorde civile » a tout simplement permis aux maquisards fanatiques d'Allah de réintégrer la société en braves gens innocents, les bourreaux croisant dans les rues les victimes, voire cohabitant avec elles – des instituteurs qui avaient pris le maquis et tué quelques dizaines d'enfants ont même retrouvé leur école. Les terroristes ne sont pas passés par les tribunaux : ni la justice ni le deuil ne pouvaient être accomplis. En aucun cas, les jeunes Français d'origine algérienne n'ont pu échapper à cet environnement algérien. Les parents téléphonaient au pays, suivaient anxieusement les nouvelles, pouvaient avoir des blessés ou des morts de l'autre côté de la Méditerranée, et avaient eux-mêmes une opinion bien arrêtée.

Or, chez les Merah, où la religion était dès le départ détournée – le père délinquant et mal croyant y voyait un moyen « de protéger [ses enfants] de la mauvaise vie que menaient les Français et certains Algériens[1] », et il emmenait avec cet état d'esprit son fils Mohamed à la mosquée le vendredi dès l'âge de quatre ans –, on avait fait plus que prendre parti. Le père Merah, gros trafiquant de drogue de Toulouse, aux Izards, était un supporter enfiévré d'Abbassi Madani, d'Ali Belhadj et des émirs du GIA. A l'été 1994, alors que les massacres battaient leur plein, il a emmené femme et enfants, dont le petit Mohamed de six ans, en vacances au village, du côté de Médéa, l'un des sanctuaires des terroristes. Or le hameau en question, réservoir de kalachnikovs et de pistolets, était un repaire de barbus égorgeurs qui rentraient chez eux le soir, comme si de rien n'était, après avoir passé la journée au maquis, à monter des embuscades et des barrages. Abdelghani Merah raconte dans son livre que le matin, sur la place, les villageois découvraient au lever du soleil, tantôt les corps décapités des « mécréants » assassinés, tantôt les corps des maquisards tués par l'armée, trophées de guerre exposés en un macabre défilé. Il évoque une scène saisissante : vingt minutes pleines, le regard rivé sur les cadavres de quatre barbus, les yeux ouverts dans la mort, alors qu'il

1. Abdelghani Merah, *Mon frère, ce terroriste*, *op. cit.*

tenait par la main son frère Abdelkader, fasciné, qui deviendra à son tour un salafiste. C'est aussi du côté de ces terroristes que penchera Mohamed Merah. Il aura été doublement gavé à l'idéologie du moudjahid et du chahid[1] : d'abord par le récit de l'indépendance algérienne, ensuite par l'expérience des fanatiques d'Allah. Abdelghani écrit : « Quoi que l'on puisse en dire, Mohamed Merah était un citoyen français. Certes, il n'a jamais adhéré aux valeurs de la République, mais il se disait français, malgré tout. Bien que terroriste, il se vivait ainsi et, de surcroît, il ne cachait pas sa détestation de l'Algérie ni des Algériens. C'était entre nous un autre sujet de discorde. Si tous ces imbéciles qui voulaient honorer sa dépouille avaient su ce qu'il pensait d'eux, ils s'en mordraient les doigts. Mon jeune frère en voulait aux Algériens qui n'avaient pas adhéré aux groupes terroristes et qui avaient rejeté l'idée de l'instauration de l'Etat théocratique. Il les détestait, car il estimait qu'ils étaient tous complices du régime en place. Seuls les groupes terroristes locaux et les membres d'Al-Qaïda au Maghreb islamique (Aqmi) trouvaient grâce à ses yeux[2]. »

1. Celui qui est considéré comme un martyr pour l'islam.
2. Abdelghani Merah, *Mon frère, ce terroriste*, *op. cit.*

L'islam de cette engeance avait été exporté vers l'Algérie par l'Arabie Saoudite qui y avait injecté son argent dans les mosquées et les études. L'Algérie des confréries s'était wahhabisée, comme allaient le faire la Tunisie et le Maroc. Ainsi que le culte musulman en France... dont la même Arabie prenait en partie possession, mettant sous sa coupe, entre autres, les Algériens... Aujourd'hui, les salafistes continuent d'ailleurs à s'intéresser de près à eux. Un journaliste d'*El Watan*, grand quotidien algérien, a infiltré le milieu des *salafs* de Seine-et-Marne, et il raconte dans un excellent reportage comment les cellules recrutent de nouveaux adeptes parmi les *harraga*, « ceux qui ont passé la frontière ». Arrivant démunis d'Algérie, ils sont pris en main : les chefs leur assurent un toit, leur donnent de l'argent, leur procurent une femme, puis les endoctrinent, éventuellement les forment au jihadisme[1].

Ce contexte jihado-religieux est tout aussi important que le contexte social. Mohamed Merah, dernier de la fratrie, a eu une enfance et une adolescence au cloaque. Tout y était atroce, misérable, pourri. Dans son livre, Abdelghani Merah

1. Abdelghani Merah, *Mon frère, ce terroriste*, *op. cit.*

décrit les ingrédients d'un enfer : le père trafiquant, croyant hystérique, qui abandonne sa famille, fait des années de taule, part définitivement pour l'Algérie ; les violences, les coups, les heures de torture infligées par le frère Abdelkader, la misère, une mère dégoûtante qui ne pense qu'à coucher avec des hommes qu'elle ramène à la maison sans s'occuper de ses enfants, en particulier du gosse qu'elle laisse devant la télévision pendant ses ébats, l'école impossible, la succession de foyers. Toutes les sorties de route – vols, violences, petits trafics, excès de vitesse, fuite après avoir percuté une voiture de police – du jeune fanatique de foot, de scooter, de jeux vidéo et d'Internet qui allaient justifier dix-huit mois de prison ont une explication. Mais le très fragile Mohamed Merah a été chauffé à blanc par un groupe islamiste : son entourage le plus proche. Seuls Abdelghani et Aïcha Merah, l'un et l'autre musulmans et laïcs, ont réussi à se sauver eux-mêmes, à fuir cette folie. Tous les autres sont probablement coupables d'une certaine complicité. Son frère Abdelkader, qui déclarait ne « vouloir vivre que du Coran et du RMI », le tenait rudement sous sa coupe, incendiait son âme, organisait contacts et plans, le poussait au meurtre. Olivier Corel, un Syrien naturalisé français, inquiétant visage, l'a lui aussi encouragé au nom de Dieu et de la résistance à tous les diables. Un autre homme, Sabri Essid, un petit chef radical à Toulouse, a pesé de toute son influence : avec la complicité du futur terroriste, il a décidé son propre père à épouser la mère de Merah, un mariage forcé. Cet homme avait organisé en centre-ville une manifestation en 2010 avec des femmes portant niqab et burka pour protester contre la loi les interdisant. Souad, si « fière », « fière », « fière » de Merah, en faisait partie. Preuve s'il en est qu'à côté de celles qui dans la souffrance se voient imposer cet épouvantable enfermement, d'autres sont des guerrières masquées. Cette femme joue un rôle considérable dans l'affaire. Selon Abdelghani Merah, elle savait et n'a rien fait pour empêcher son jeune frère de passer à l'acte, au contraire. Elle vit avec un salafiste et elle est elle-même une fanatique sans grande limite[1]. Souad Merah a retiré ses enfants de l'école impure de la République et les a complètement déscolarisés. Elle leur interdit la musique, « des sonorités de Satan », les enferme et les élève dans la haine de tout. A son neveu, elle a offert des livres pour enfants sur la mort et elle recommandait à Merah de passer du temps devant les tombes dans les cimetières, « remède contre les duretés du

1. Abdelghani Merah, *Mon frère, ce terroriste, op. cit.*

cœur ». Elle l'a d'ailleurs accompagné dans certains de ses périples, selon Abdelghani Merah. Il se souvient aussi que lors de l'attentat de Bombay en 2008, elle avait affirmé en famille qu'un jour elle commettrait un attentat suicide dans le métro toulousain. Et elle avait précisé qu'elle emmènerait ses enfants avec elle. En aucun cas, elle ne pouvait donc s'apitoyer sur les enfants tués à bout portant par son frère. Un enfant, c'est un futur infidèle qui à son tour fabriquera des infidèles… L'année dernière, elle a redit en privé combien elle soutient les moudjahidin. Telle qu'on l'a aperçue et surtout entendue dans « Enquête exclusive », Souad Merah ne se livrait pas seulement – fût-ce en privé – à l'apologie du terrorisme. Possédée, prête à tout, elle faisait irrésistiblement penser, pour qui les connaît, aux femmes terroristes kamikazes. Il n'est pas certain que les Français aient tout à fait compris qu'ils étaient mis pour la première fois en face d'une telle personnalité féminine. Encore moins après le documentaire de France 3 intitulé « Affaire Merah : itinéraire d'un tueur[1] », et non d'un terroriste, ce qui était déjà un signe. Jean-Charles Doria, réalisateur du film, y a fait un scandaleux travail journalistique qui frôle la bienveillance puisque, instruit pourtant

1. Diffusé le 6 mars 2012.

de ce qu'elle pense et de ses agissements, il a laissé sans la moindre objection la sœur de Merah se présenter en innocente. Doria a d'ailleurs été tout aussi empathique avec la mère.

Le passage par la prison a parachevé la radicalisation du petit voyou Mohamed Merah, bricoleur autodidacte de l'islam, imprégné de salafisme. Apparemment, pas lors de son premier séjour de cinq mois et demi à la maison d'arrêt de Seysses, en Haute-Garonne. Le personnel est formel : « A ce moment-là, il n'a pas côtoyé d'islamistes prosélytes. » Pas plus au Centre de détention de Saint-Sulpice, au bord de l'Agout, dans le Tarn, où il est ensuite transféré. L'endroit n'a strictement rien à voir avec les sordides établissements pénitentiaires. C'est une petite structure très ouverte qui donne sur la verdure et les toits de la ville, pour les petites ou les fins de peine, tournée vers la réinsertion. Chaque 24 décembre, une messe de Noël y est célébrée par l'évêque Jean Legrez dans un esprit intercommunautaire, aucun aumônier musulman n'officiant à Saint-Sulpice, et des prisonniers adeptes du Coran viennent y assister, ce qui fut le cas quand Merah était là.

Son second séjour à Seysses s'est en revanche passé très différemment. Alors que précédemment il s'était plié à la discipline et n'avait posé aucun problème particulier, cette fois-ci tout semble peser sur ce garçon déstructuré, tantôt hyper-excité, tantôt hyper-dépressif. Aux dires d'un ancien détenu qui y était en même temps que Merah, cette taule ultra-moderne et très propre est « tellement déshumanisée qu'elle fait regretter la saleté et les rats gros comme des lapins des vieux murs de la prison Saint-Michel [à Toulouse] ». Comme partout, trop d'hommes y sont entassés : plus de 900 détenus pour 596 places quand Merah y séjourne. Les suicides y sont nombreux : cinq durant le séjour de deux ans de l'ex-prisonnier témoin. Beaucoup de tentatives dans le même temps, dont celle de Merah, la veille de Noël 2009. Le futur tueur dira à sa mère venue le visiter : « Tu sais bien que le suicide est interdit en islam. J'ai joué la comédie pour passer quelques jours en dehors de la prison[1]. » Sa tombée dans le radicalisme islamique terroriste a lieu à ce moment-là. Il est pris en main par les détenus salafistes, les seigneurs des prisons françaises, auxquels s'associe son frère Abdelkader. Merah est entre les pinces

1. Toutes ces citations sont extraites de : fr.wikipedia.org/wiki/Mohammed_Merah et ont été vérifiées par l'auteur.

de la tenaille. Les signes ostentatoires de son basculement n'échappent pas aux surveillants. Merah se fait apporter par Abdelkader, qui vient souvent le voir avec leur mère, la tenue de combat et de pouvoir du radical « visible », une djellaba – dont le port en prison est réglementé par une loi –, et se laisse pousser la barbe, mais qu'il rase de temps en temps. Il réclame aussi un tapis de prière, un Coran et des cassettes. Dans le *Journal du Dimanche*, son codétenu de l'époque raconte : « Et puis surtout il [Abdelkader Merah] lui a donné un CD avec des chants islamiques, des bruits de détonations. Il écoutait ça à fond, du matin au soir. Je ne comprenais pas l'arabe, mais selon un copain maghrébin de la prison, ça parlait de personnes égorgées, des âmes corrompues qui iraient en enfer. C'était insupportable. En plus, il s'est mis à faire plusieurs prières. Il se levait même dans la nuit. Ça m'a gonflé. Au bout de quelque temps, je lui ai dit d'aller dans une autre cellule[1]. »

Cheminement classique, par réislamisation ou par conversion, d'un nombre de plus en plus important de détenus sur les 68 000 en détention, record historique. A ce jour, les musulmans représentent près

1. *Idem.*

de 40 % de la population carcérale. Ils sont ainsi évalués grâce aux repas *halal* que prenait Merah lui-même. Une moyenne qui ne rend pas compte cependant de la réalité sociologique des établissements proches des « banlieues de l'islam » où cette proportion atteint 66 %.

S'il y a bien un homme que l'itinéraire de Mohamed Merah n'a pas surpris, c'est Vincent Le Dimeet. Surveillant depuis sept ans à la prison de Fresnes, délégué syndical FO, marié à une gardienne de prison à Meaux, la ville de Jean-François Copé, il est certainement l'un des meilleurs « praticiens » de l'islam dans les prisons. Non seulement dans la sienne mais un peu partout, ses fonctions syndicales l'amenant à visiter beaucoup de centres. En soulignant que sur ce sujet règne un « consensus de l'ensemble du personnel pénitentiaire français » – ce qui est exact –, il tend au journaliste Nazim Belabdelouahab venu l'interviewer pour les besoins de ce livre un rapport confidentiel qui fait le point sur la situation. Pas un mot plus haut que l'autre. Mais de quoi alerter pour le moins la garde des Sceaux, Christiane Taubira, qui pour l'instant ne donne aucune suite. Même si l'angle de vision est différent, son récit et son analyse sont confirmés par les imams-aumôniers de prison. Rien de mieux pour comprendre dans quoi et comment Merah a évolué. Le Dimeet : « Le 11 Septembre n'a rien introduit de nouveau. Il s'est inscrit dans une continuité. La prise en main est organisée par un grand manitou [qui à Seysses ?], une sorte de sage, calme et discret dans sa cellule, qui s'habille normalement, suit toutes les règles sans jamais les enfreindre, de façon très stricte. Il est très difficile à repérer. Il a ses lieutenants, ce sont eux qui supervisent le travail d'islamisation. Derrière, il y a les imams qui enseignent à chaque fidèle et organisent les prières collectives à l'intérieur, dans la cour, sur les terrains de sport, en contravention totale avec la réglementation pénitentiaire. Elles ont lieu en arabe, nous ne sommes donc pas capables de comprendre ce qui s'y raconte. De toute façon, nous ne pouvons même pas être présents, c'est impossible. Encore moins les surveillants musulmans. Ils seraient tout simplement menacés physiquement parce qu'ils sont considérés comme des "harkis". Même chose pour les aumôniers musulmans. Il n'y en a déjà pas beaucoup, 151 en France pour 1 248 aumôniers chrétiens. Mais ils n'ont d'écho qu'auprès des modérés, ils sont complètement méprisés par les islamistes qui font la loi. Pour eux, comme ces aumôniers sont mandatés par l'Administration, ce sont des vendus, des "collabos", des traîtres. Pour les fêtes, pour un oui, pour un non, la nourriture, telle ou telle chose, toute la journée, ces islamistes ont des exigences. Ils revendiquent. Ils harcèlent. » Le rapport[1] remis par Vincent Le Dimeet souligne : « La moindre mesure réglementaire plus ou moins coercitive est systématiquement décriée, discutée, remise en question et finalement négociée, y compris celles mettant en cause la sécurité active ou passive d'un établissement pénitentiaire. » Et Le Dimeet d'enchaîner : « Les femmes surveillantes subissent un régime particulier. Ils les agressent verbalement, les insultent en permanence. Ce contre-pouvoir islamiste fait monter la tension, mais jusqu'ici elles résistent, parce que la loi française c'est l'égalité, y compris de métier, entre les hommes et les femmes, et qu'il n'est pas question de céder. »

Toutes les relations dans les prisons sont marquées par la violence extrême des islamistes. Les hommes de main provoquent les bagarres avec les détenus mécréants et « infidèles » qui leur résistent, et elles sont incessantes. « Celui qui morfle le plus, c'est l'Arabe ou l'Africain musulman non

1. Ce rapport n'est pas disponible en ligne et a été adressé directement à la ministre.

pratiquant. » Ils sont rackettés, leur nourriture est rationnée au profit des Frères, les bibles sont arrachées à ceux qui les lisent et remplacées par le Coran. Ces détenus « infidèles », est-il écrit dans le rapport, « sont gratifiés du titre de “sous-chiens”… ils sont asservis à des tâches ingrates et subissent toutes sortes de violences, y compris de violence sexuelle. Cette forme d'esclavage se rencontre dans les structures de longues peines, dans les centrales notamment. » Ce qui n'est pas le cas de Seysses. Quant aux recruteurs, ils se chargent de « démarcher » les délinquants qui arrivent et prennent sous leur tutelle les « modérés » qu'ils radicalisent. Ce sont eux aussi qui s'occupent des convertis, dénonçant ceux qui renâclent. « Mais, de façon générale, poursuit Le Dimeet, le Blanc est pris avec gentillesse. » Les prisons françaises, meilleures mosquées salafistes, sont aussi les plus efficaces machines à conversion. Les Blancs sont détectés et évalués. Selon, les islamistes choisissent de les faire rentrer dans le rang pour qu'ils prêchent et convainquent à leur tour – tous les salafistes ne sont pas adeptes de l'action violente – ou d'en faire des terroristes en puissance. Le passage à l'acte initiatique s'accompagne presque toujours d'une méfiance systématique, d'un repli sur soi, de la fréquentation exclusive des Frères : Merah n'a pas échappé à la règle. Le comportement devient violent, le détenu est en quête perpétuelle du conflit. C'est exactement ce que noteront les surveillants de Seysses à propos de Mohamed Merah, qui s'en prenait de plus en plus à d'autres prisonniers mécréants. Bien entendu, l'endoctrinement se fait autour de la charia et de la sunna – en peu d'endroits en France résonnent autant qu'en prison le nom d'Allah et les hadiths. Les salafistes mettent très vigoureusement l'accent sur le combat collectif contre un Etat totalitaire et son administration qui ne l'est pas moins : où l'on retrouve, obsessionnel, ce terme de chahid, de martyr, qui a imprégné l'enfance de Merah. Comme on retrouve aussi la haine du juif, proférée sans gêne entre les grilles.

A sa sortie de prison, on retrouve le garçon en prière à la mosquée salafiste de Basso-Cambo, un quartier de Toulouse. Il écoute prêcher l'imam radical Mamadou Daffé, qui affirmera ne l'avoir jamais vu quand il sera interrogé… Cette mosquée très radicale, qui n'était déjà guère inquiétée du temps où l'UMP Jean-Luc Moudenc était maire, a bénéficié comme toutes les autres dont nous avons déjà parlé des mêmes aides et du même appui de son successeur, le socialiste Pierre Cohen. Sans aucun contrôle, sans aucune contrepartie. Quand il n'est pas à Basso-Cambo, Merah, pour rester dans l'ambiance, se plante des heures durant devant les vidéos de fanatiques qui étripent à tour de bras au son de chants guerriers. Il force un gamin de quinze ans – dont la mère porte plainte – à regarder jusqu'à plus soif des décapitations et des égorgements. La pratique de tous les fanatiques musulmans de l'Afghanistan à l'Algérie pendant la décennie sanglante dont celui qui n'est encore qu'un délinquant est aussi un citoyen. Il ne lui reste plus alors qu'à devenir Mohamed Merah.

Le mariage pour… presque tous

Les musulmans ont massivement contribué à la victoire de François Hollande en mai 2012. Ils savaient pourtant que le mariage homo serait à coup sûr une des promesses électorales auxquelles le nouveau président de la République ne renoncerait pas, car elle lui assure une précieuse image de réformateur et ne touche pas à notre porte-monnaie. Le rejet de Nicolas Sarkozy chez eux était tel qu'ils ont paré au plus pressé. Après, ils verraient bien ! Ils ont vu. A leur corps et à leur Coran défendants, il leur a fallu s'incliner. Du moins officiellement. Dès novembre, bien avant l'adoption définitive du texte de loi, Mohammed Moussaoui, le président du Conseil français du culte musulman depuis 2008, a choisi dans un communiqué de l'exprimer en ces termes corrects et crispés : « Compte tenu du principe de laïcité qui tient compte de la diversité et de la pluralité des religions et des convictions au sein de notre société, nous sommes conscients que les règles et les normes d'une religion ne peuvent être mises en avant pour s'opposer ou se soustraire aux normes et aux règles de la République qui s'appliquent à tous[1]. » Circulez, il n'y a rien à voir !

Derrière la maîtrise de façade, Moussaoui n'en pensait pas moins. C'était le branle-bas de combat. L'agitation souterraine règne durablement. Le mariage pour tous – mais aussi l'adoption et la procréation médicale assistée qui font partie du paquet cadeau – est en effet un traquenard pour les musulmans. Pour la République aussi, paradoxalement, mais elle en est, elle, inconsciente.

Sur ce sujet comme sur tous ceux qui gênent, le mutisme dans la majorité de la communauté musulmane prévaut. Machisme et soumission sont encore très forts. Le jugement est sans appel : la France s'est « inclinée devant les pédés », cette société menace nos enfants, nous ne voulons pas de ça. Les débats auxquels sont contraints les responsables religieux et les organisations musulmanes sur les noces entre deux hommes ou deux femmes,

1. Intégralité du communiqué sur le site du CFCM : www.lecfcm.fr/?p=3127

et leur cortège de conséquences, sont pour eux une mise à l'épreuve. Culturellement et cultuellement, du moins est-ce ainsi qu'ils le vivent, ce droit nouveau non seulement leur donne un haut-le-cœur mais il représente un immense danger à terme : faire entrer inexorablement des musulmans et des musulmanes dans une norme sociale et morale concernant la sexualité qui est aux antipodes de la leur, qu'ils se battent pour faire admettre. Il leur pose de surcroît une question fondamentale, la plus perturbante de toutes : un musulman, une musulmane ont-ils aujourd'hui le devoir de renoncer à leur vérité pour suivre celle du dogme révélé ou ont-ils le droit d'être eux-mêmes et de vivre librement leur foi dans une relation directe avec Dieu ? L'acquis du mariage homo, qui bouleverse à plus d'un titre tout le monde, les oblige, eux, à faire stratégiquement un grand écart extrêmement périlleux.

D'un côté, il leur est impossible de souscrire à une telle « anomalie ». Ils ne se différencient pas des autres cultes. Ils éprouvent une sorte de dégoût à voir un pays comme la France en arriver à une perte de repères aussi désastreuse. Comme tous les opposants au mariage homo, ils invoquent le socle familial sur lequel repose depuis la nuit des temps l'organisation des sociétés. La puissante UOIF, vent debout dans cette affaire, s'est aussitôt chargée de remettre en mémoire pour qui les aurait oubliés ou les ignorerait les termes de la tradition, de l'éthique, et des textes islamiques qui donnent légitimité à leur interdiction. Et elle a chargé tous ses cadres et affiliés de propager la bonne parole.

Ils ont le Coran à la main. Sourate 51, verset 49 : « De toute chose, Nous avons créé un couple. Peut-être serez-vous amenés à y réfléchir. » Près de mille quatre cents ans après Mahomet, en terre française, le moment est en effet arrivé… Sourate 49, verset 13 : « O vous, les hommes ! Nous vous avons créés d'un mâle et d'une femelle… » et votre alliance, un homme une femme, par le mariage est, sourate 4, verset 21, un « engagement solennel » qui assure la préservation totale de la filiation. La religion musulmane étant fondée sur la communauté, le lien social y est par essence assuré et perpétué par le lien familial. Une rupture dans cette continuité et le péché se profile. Sourate 47, verset 22 : « En vous dérobant, ne risqueriez-vous pas de répandre le désordre sur Terre et de rompre vos liens de parenté ? »

Ces versets sont en général invoqués pour limiter les divorces. Devant le manque d'outils théologiques adaptés au mariage homo, celui-ci s'est révélé fort pratique. L'affolement a même entraîné de surprenantes déclarations : « La non-conformité du mariage homosexuel avec les principes de la jurisprudence musulmane fait l'unanimité au sein de toutes les écoles juridiques musulmanes », martèle Mohammed Moussaoui. Ah bon ? Le mariage homo, dernier article en vogue de la mode occidentale, n'a jamais été envisagé au fil des siècles, et pour cause, même dans leurs pires cauchemars, ni par les théologiens ni par les constitutionnalistes des pays musulmans. Comment pourrait-il faire l'objet d'une quelconque jurisprudence ? Ils sont néanmoins bien instructifs, ces propos : dans la République de 2013, l'interlocuteur institutionnel musulman de l'Etat ose affirmer officiellement la prévalence du droit religieux sur le droit civil français ! C'est toute la différence avec le discours des prélats et des prêtres catholiques, des pasteurs protestants ou du grand rabbin de France. Mais silence à bord, personne ne bronche... Pas plus que l'UOIF n'a fait sourciller ni suscité de réactions. A partir d'une étude de l'INSEE de 1999 et du nombre de couples homosexuels recensés alors, elle écrit : « ... il n'est pas aujourd'hui admissible qu'une minorité au nom de valeurs humanistes auxquelles nous sommes tous attachés promeuve ses intérêts propres et personnels au détriment d'une majorité[1]. » Comme le dit un vieux dicton, c'est la poule qui chante qui fait l'œuf !

Il était facile de condamner et de rejeter le mariage homo. Les arguments sont solides et partagés. Les responsables musulmans ont dû se prendre sérieusement la tête en revanche pour éviter à tout prix d'être suspectés de la moindre trace d'homophobie. De même qu'ils traquent eux-mêmes la moindre trace de porc dans la crème au chocolat, ils allaient être sous observation. Ils ont donc adopté officiellement la posture la plus halal : pas d'homophobie chez nous. Plan concerté, parfaitement mis en œuvre. Moussaoui a désavoué « tout acte homophobe » avec la plus grande fermeté : « Nous réaffirmons notre condamnation totale de toute forme d'atteinte qui viserait une personne en raison de ses opinions, de son appartenance religieuse ou de son orientation sexuelle[2]. » L'UOIF en a fait autant. L'islamiste suisse Tariq Ramadan, coqueluche des médias, des grandes écoles, des organisateurs de conférences et des mosquées

1. www.uoif-online.com/

2. Intégralité du communiqué sur le site du CFCM : www.lecfcm.fr/?p=3127

françaises, s'est démultiplié pour expliquer semblable position. Il a depuis longtemps ouvert la voie de communication à double langage et à usage des démocraties européennes, dans laquelle il est passé maître. « Je connais, je travaille et je partage des luttes avec des femmes et des hommes qui sont homosexuels : leur vie sexuelle les regarde, et chacun doit respecter les choix d'autrui tant qu'on ne les lui impose pas[1]. » Et encore : « Si j'ai des réserves sur le mariage homosexuel ou sur l'adoption d'enfants par des couples homosexuels, je n'hésite pas à lutter contre les discours homophobes dont ces derniers pourraient être victimes. » Le Web regorge d'ailleurs de documents écrits, audio et vidéo, qui s'inscrivent dans cette perspective d'ouverture et de tolérance concernant les homosexuels.

Il ne faut pas sous-estimer l'impact positif que de telles prises de position peuvent avoir sur l'opinion française musulmane, très réfractaire, comme le montrent tous les sondages, et sur la vie empoisonnée par la honte des gays et lesbiennes musulmans. Pas plus qu'il ne faut passer à côté de la haine qu'elles suscitent dans les mouvances les

---

1. http://www.youtube.com/watch?v=c4qU9qKDvY0

plus fanatiques, salafistes, Tabligh et autres, alors que s'étend une radicalisation parallèle à celle des pays du printemps arabe eux-mêmes. Comme on l'a vu, cela fait beaucoup de monde. Dans ces milieux, l'homosexualité, ne parlons même pas du mariage pour tous, signe l'apostasie. Ainsi, une vidéo postée sur YouTube (www.youtube.com/watch?v=c4qU9qKDvY0), avec un florilège des avis de Tariq Ramadan sur le sujet, se termine par un « Prenez garde à l'imposteur ! », avec, en fond sonore, des grenades qui explosent, puis des tirs de kalachnikov… Abdelkader Merah, toujours en détention provisoire, ne disait-il pas : « Celui qui n'aime pas les armes, c'est un homosexuel[1] » ?

Cependant, même si l'homosexualité reste un des tabous les plus coriaces du monde islamique, les voix musulmanes n'avaient pas d'autre choix que de se dissocier de l'homophobie, quitte à faire ainsi de l'équilibrisme. Ce n'est pas la crainte de poursuites judiciaires qui l'explique, encore qu'elle ne soit pas à écarter totalement. La liberté de parole coûte cher – si l'on n'est pas pour le mariage homo, on est homophobe, exquis sectarisme –, et toute image de marque en pâtit. La vraie raison de ce

1. *Op. cit.*

rejet claironné de l'homophobie est ailleurs. Depuis vingt-cinq ans en effet, les musulmans engagés ont eux-mêmes utilisé les nouvelles valeurs égalitaristes de la démocratie, sans exception, pour les renverser à leur profit, posant des équations en trompe-l'œil, et ils ont ainsi contribué à revisiter au profit d'une religion la laïcité et la République. Pour faire avancer leurs propres exigences – purement coraniques –, ils ont utilisé le hidjab et se sont appuyés sur un corpus devenu une évidence, une nécessité et une éthique : le droit des minorités, le respect de la diversité ethnique et religieuse, l'acceptation des différences culturelles. Les gays, eux, à la même époque – décidément toujours ce tournant de 1989 –, une fois brisé le tabou du sida[1], ont commencé, à partir d'une maladie vue comme la punition des péchés de Sodome et Gomorrhe, à se structurer en puissant lobby, sortant de l'ombre eux aussi pour acquérir leur propre visibilité, pas moins exhibitionniste que celle des musulmans militants, à qui on la reproche

1. Ce tabou a été enfin brisé en France par Jean-Paul Aron dans *Le Nouvel Observateur* du 30 octobre 1987, entretien avec Elisabeth Schemla. Le comédien Rock Hudson l'avait fait bien avant aux Etats-Unis. L'aveu de Jean-Paul Aron avait contribué ainsi à faire sortir du secret cette maladie et à permettre de développer activement la recherche et des thérapies.

nettement plus. Et puis ces derniers, toujours dans leur perspective conquérante, ont utilisé après le 11 Septembre un instrument qui a fait ses preuves : le concept mobilisateur qui désigne une victime et appuie sur la culpabilité des autres. Leur concept à eux : l'islamophobie. Ils ont placé la barre très haut, par souci déplacé de compétition mémorielle, puisque dans leur idée il fallait faire pendant à l'antisémitisme. Jusqu'ici, et heureusement, l'islamophobie n'a fait ni blessé ni mort, l'antisémitisme, hélas, si.

Dès lors, les leaders musulmans avaient l'herbe coupée sous le pied. Ils ne pouvaient pas se mettre en contradiction avec leur propre argumentaire de minorité exclue dont la nation doit inclure les droits. Contester ouvertement les homosexuels, dire ce qu'ils en pensent vraiment, se dévoiler sur la chape de plomb toujours et les violences souvent qu'ils leur imposent au sein des familles, c'était s'exposer à un effet boomerang. Prudence, prudence… D'autant qu'au-delà de l'homosexualité, le mariage gay n'est pas une si mauvaise affaire pour eux. Quand une société est capable pour satisfaire la particularité sexuelle d'un groupe de modifier son code civil sur la parentalité et la filiation, c'est-à-dire sur l'essentiel, alors elle ouvre la porte à toutes les demandes et se met en position de devoir les accepter toutes, au nom de cet égalitarisme dont elle s'enorgueillit. Les leaders musulmans ne sont d'ailleurs pas passés à côté. Ils ont tout de suite mis le doigt sur ce qui constituera désormais le principal danger pour la démocratie française. L'UOIF l'a souligné d'une façon duplice : « Si le mariage entre deux personnes de même sexe devient une norme, alors toutes les revendications, même les plus incongrues, peuvent, un jour, devenir norme, au nom du même principe d'égalité... Qui pourra délégitimer la zoophilie, la polyandrie, au nom du sacro-saint amour[1] ?... » Tareq Oubrou, lui, a mis en garde plus républicainement : « Dites-moi un peu maintenant avec quels arguments sérieux nous nous opposerons à la polygamie par exemple ? Nous avons mis le doigt dans un drôle d'engrenage[2] ! » Point de vue d'autant plus intéressant que l'imam de Bordeaux est le seul à s'être engagé avec détermination dans « la nécessaire réconciliation des homosexuels de confession musulmane avec leur religion, dont ils ne doivent plus avoir à désespérer. Ils n'ont pas à faire le choix entre leur homosexualité et l'islam. La foi est une affaire privée dont aucun clergé n'a à se mêler et qu'il ne peut contester au nom d'une

1. Communiqué intégral sur www.uoif-online.com/
2. Entretien avec l'auteur du 18 novembre 2012.

spécificité sexuelle ». Oubrou a été l'un des initiateurs de l'Appel des religions contre l'homophobie et la transphobie du 17 mars 2010[1], et il est une sorte de bouée de sauvetage pour bien des homosexuels dévorés par la culpabilité et la honte. J'ai eu l'occasion de voir arriver à la mosquée de Bordeaux un jeune en jean et blouson charmant, mais dans un tel état de nervosité que je me suis demandé s'il n'avait pas commis un acte criminel. Il avait fait, disait-il à la secrétaire en hidjab, plus de 400 kilomètres pour rencontrer l'imam, il fallait absolument qu'il le voie. Alors qu'elle l'avait éconduit, Oubrou passait à ce moment dans le couloir. Le garçon s'est précipité vers lui, lui a parlé à l'oreille, et les deux hommes sont partis s'enfermer dans un bureau. Le lendemain, j'ai appris qu'il avait fait tout ce trajet parce qu'il pensait qu'il trouverait là un peu d'apaisement et un guide de conduite. Il n'était pas passé à l'acte mais il se sentait des pulsions et une attirance pour les hommes, il résistait de toutes ses

1. Cet appel a été lancé, outre Tareq Oubrou, par l'essayiste Jean-Claude Guillebaud, le rabbin Rivon Krygier et le philosophe Olivier Abel. Il est disponible sur le site du *Monde* : http://www.lemonde.fr/idees/article/2010/03/17/appel-contre-l-homophobie-et-la-transphobie-par-olivier-abel-jean-claude-guillebaud-tarek-oubrou-rivon-krygier_1320275_3232.html

forces parce qu'il pensait que c'était *haram*, il se sentait anormal, il n'en dormait plus, il avait peur d'être mis à l'écart par les siens s'il cédait.

La notion de péché colle à la peau des homos. Si le Coran ne dit pas un mot sur l'homosexualité féminine, plusieurs sourates en revanche s'attachent à celle des hommes pour la condamner, aucun doute là-dessus. Rien de bien surprenant, les trois religions abrahamiques ne divergent pas. Comme toujours, il convient seulement de voir en quoi la modernité change l'interprétation du texte. *Le Licite et l'Illicite en Islam*[1] de Youssef Qaradaoui, livre le plus vendu dans le monde musulman après le Coran et qui a été précisément écrit au début des années 1960 pour « guider » les musulmans en terre étrangère, en particulier en Europe, propose ceci pour les gays : « Est-ce qu'on tue l'actif et le passif, par quels moyens les tuer, est-ce avec un sabre ou le feu ou en les jetant du haut d'un mur, cette sévérité qui semblerait inhumaine n'est qu'un moyen de débarrasser la société islamique de ces êtres nocifs qui conduisent à la perte de l'humanité. » Qaradaoui, que les autorités françaises ont laissé entrer chaque année pour le Congrès

1. Editions Al Qalam, 2004.

de l'UOIF, jusqu'à l'interdiction enfin donnée par Nicolas Sarkozy en 2012.

La vision du vieillard prêcheur star d'Al-Jazeera est plutôt à l'unisson de ce qui se passe dans les pays musulmans eux-mêmes, selon le degré d'application de la charia. Dans la plupart d'entre eux, l'homosexualité est illégale et peut entraîner de fortes peines, pécuniaires et/ou d'emprisonnement[1]. C'est le cas de la Tunisie, de l'Algérie et du Maroc pour le Maghreb, du Cameroun et du Sénégal, entre autres, pour l'Afrique subsaharienne. Or ce sont les pays d'origine des Français musulmans qui y retournent chaque année pour les vacances, et les pays des imams qui officient en France… Tout cela dans l'hypocrisie la plus totale d'ailleurs. De tout temps, les homosexuels ont chassé sur ces terres islamiques et continuent à le faire, certains de nos hommes politiques n'étant pas en reste. Ce que Frédéric Mitterrand a raconté de ses ébats en Thaïlande s'est transporté place Jemaa el-Fna. Au royaume de la monarchie constitutionnelle alaouite descendante du Prophète, Marrakech est

1. Une liste exhaustive et rigoureuse comportant le détail des législations en vigueur et des applications est disponible sur http://fr.wikipedia.org/wiki/Homosexualit%C3%A9_dans_l'islam

en effet devenu un lupanar à ciel ouvert où la pédophilie, alliée à l'évasion fiscale, tient le haut du pavé. Mais qui songe encore à demander aux jeunes prostitués qui cherchent aussi à échapper à la misère ce qu'ils en pensent ? En France, à l'heure du mariage gay, le propos de Qaradaoui est profondément relooké. Il devient dans la bouche de Tariq Ramadan, quand il s'exprime devant un auditoire islamique[1], que l'homosexualité est une « maladie » et un « désordre ». Ce n'est donc plus le sabre ou le feu qu'il faut employer mais l'hôpital, sérieux progrès. Avis très largement partagé dans cette communauté.

C'est peu dire qu'elle voit d'un très mauvais œil le premier mariage gay musulman qui a eu lieu en mars 2012 et l'ouverture de la première mosquée pour homos femmes et hommes en novembre, dans la banlieue parisienne[2]. L'homme clé de ces deux événements s'appelle Ludovic Lotfi Mohamed Zahed. Ce trentenaire croyant, remarquable de

1. http://gk.nl/index.php?id=9&a=bericht&bericht=6020

2. http://www.saphirnews.com/Une-mosquee-pour-gays-et-transsexuels-musulmans-en-France_a15650.html. Saphirnews est un très intéressant journal en ligne sur l'actualité et les débats.

fermeté et de sérénité, est le président du collectif HM2F (Homosexuels musulmans 2 France). Il appartient au réseau mondial LGBT qui milite pour les droits des lesbiennes, gays, bisexuels et transgenres, dont fait aussi partie le moine bouddhiste qui prête son local de 10 mètres carrés aux fidèles musulmans pour la prière du vendredi. Zahed a épousé son compagnon sud-africain lors d'une cérémonie œcuménique, bénie par un imam adjoint homosexuel. Dans un entretien disponible sur YouTube[1], et à visionner pour ne pas désespérer de l'islam, il témoigne de façon émouvante d'un calvaire qui rappelle celui qu'ont vécu en d'autres temps les homosexuels français. Il y évoque la « double peine » : celle du « ouch ouch », du « pédé », dans les quartiers et les banlieues, obligé de vivre dans le mensonge et la dissimulation ; celle du gay musulman qui, même dans les lieux homos, est en butte à l'islamophobie. Zahed rallie peu à peu du monde. Il dit : « Il faut faire ce travail pour la tolérance de la façon la plus respectueuse car c'est un héritage précieux d'être musulman. Il faut parvenir à concilier l'inconciliable. Je ne me fais pas d'illusions, ça va prendre deux ou trois générations. » Qui sait ? Dans l'affrontement très

1. www.youtube.com/watch?v=y8ueI0HALoA

réel entre l'islam et la République, si cette dernière, plongée dans une sorte d'oubli de soi, cède trop souvent au premier, celui-ci ne sort pas non plus indemne de la confrontation. Le mariage homo fait la démonstration que c'est gagnant-perdant, perdant-gagnant. Bref, qu'aucune société humaine ne peut rester imperméable aux influences.

Ici et maintenant

Des braises couvent un peu partout sous la cendre. Elles ont déjà pris feu ici et là, des enfants, des hommes sont morts, d'autres blessés, dont le nombre et le rythme vont s'accélérant. Elles s'embraseront inexorablement si l'on continue ainsi. La foi, quand il y a foi, comprise comme élément spirituel de la vie personnelle et réservée à la sphère privée, ne fait pas débat. C'est un très sérieux problème en revanche qu'il y ait à l'œuvre une volonté d'islamiser notre nation laïque, rien d'autre que de la considérer comme un ennemi mécréant. Et c'en est un autre d'assister à l'islamisation de certains esprits, comme il y a eu une lepénisation de certains autres, c'est-à-dire une lente et imperceptible descente en complicité totalitaire. Une mosquée dans le paysage urbain ne me gêne nullement, le muezzin qui s'imposerait dans les demeures, si. Des imams aussi républicains que le cardinal André Vingt-Trois ou le rabbin Gilles Bernheim, c'est tout ce que j'espère. Ceux qui ne veulent pas de porc n'ont pas à être contraints d'en manger mais ils n'ont pas à imposer par la force de le proscrire des cantines scolaires. J'approuve sans réserve les lois contre les signes ostentatoires de prosélytisme islamiste et de soumission que sont le hidjab, le niqab ou la burka, mais l'empêchement de tous les comportements intégristes dans les universités, les espaces privés comme les associations et les entreprises me semble insuffisamment appliqué[1]. A cet égard, l'affaire de la crèche privée associative Baby-Loup située dans un quartier très islamisé de Chanteloup-les-Vignes dans les Yvelines, pourrait marquer un tournant aussi dramatique que celui du « foulard » en 1989 si la cour d'appel de Paris confirmait l'arrêt de la Cour de cassation. Celle-ci, en annulant le 19 mars 2013 le licenciement jugé discriminatoire d'une salariée voilée refusant d'ôter son hidjab, a voulu affirmer le droit à la liberté religieuse. Extravagant. Comme si la laïcité ne respectait pas ce droit alors que, sur vingt ans, plus de 2000 lieux de culte auront été édifiés. Comme si le hidjab était une casquette. Comme si s'occuper d'enfants ne répondait pas, ainsi que le souhaite la Cour, à « une exigence professionnelle essentielle et

1. Lire sur ce sujet « Prière d'insérer » dans *Le Monde* du 23 mars 2013.

déterminante ». Arrêt rendu sans se poser de questions non plus, semble-t-il, concernant le retour sur son lieu de travail de la plaignante après un congé maternité et parental qui a duré pas moins de cinq ans, sur l'ensemble de son comportement après qu'elle est revenue à Baby-Loup, lequel n'est pas sans rappeler fortement l'affaire de Creil. Dès lors, la proposition de loi déposée en janvier 2013 à l'Assemblée nationale répondant à celle déjà adoptée par le Sénat, se révèle d'une absolue nécessité. Elle prévoit que la neutralité religieuse sera étendue aux crèches et aux gardes d'enfants à domicile. Harlem Désir, naguère opposé à toute restriction, n'a pas hésité cette fois à annoncer son soutien. Preuve que la gauche socialiste évolue enfin et comprend *in extremis* que le FN menaçant se nourrit de la grogne populaire devant les sujets laissés en jachère. J'ai tenté de décrire dans ce livre une islamisation qui va très au-delà de poches de radicalisme. Elle s'infiltre pernicieusement par toutes les failles de la démocratie et ne relève pas que d'une démarche sécuritaire.

Cette menace est aggravée par le fait qu'après plusieurs décennies pendant lesquelles se sont mêlés cécité, complaisance altermondialiste, culpabilité coloniale et électoralisme, nous n'avons pas sous la main l'extincteur miracle qui nous permettrait d'éteindre les braises. Il est d'utilité publique de réviser et d'asseoir sainement, par le dialogue et la négociation, les relations entre l'islam et la République, la République et l'islam. Mais mettre en place une politique réfléchie et globale ne se fait pas d'une année sur l'autre. Laisser du temps au temps, une fois encore, faire du coup par coup sans vision d'ensemble serait un crime contre la France dans toutes ses composantes. Sans exception. Abandonner tant de Français croyants musulmans, entre tant de mains fondamentalistes ; laisser tant d'autres Français de culture musulmane, qu'ils soient d'origine arabe, africaine ou turque, en danger d'islamisme – j'ignore d'ailleurs toujours ce qu'est un islamiste « modéré » –, ne pas se soucier de la sorte d'islam dans lequel tombent bien des convertis : la faute doit être réparée au plus vite.

Faute aussi du côté de la communauté musulmane, particulièrement de sa majorité silencieuse. De ses jérémiades pour justifier son absence, de l'entendre rabâcher qu'elle est composée de « musulmans qui vivent paisiblement leur foi » mais qu'elle se sent stigmatisée, humiliée dans son ensemble par nos réactions quand Mohamed Merah assassine, *Charlie Hebdo* caricature Mahomet, ou que nos troupes vont combattre les intégristes au Mali pour libérer des musulmans. Que veut-elle ? Que nous renoncions à nous-mêmes en choisissant de nous taire dans un cas, dans l'autre de ne pas soutenir la liberté d'expression et la liberté ? Si son désaveu à elle était audible, si elle donnait de la voix et ne se tenait pas à l'écart de la nation française, elle n'aurait plus à tenir ce discours de communauté victimisée. Au mieux, sa bouche cousue la conduit à une complicité passive. Au pire, sa susceptibilité lui sert d'alibi tantôt pour approuver, tantôt pour désavouer. Les imams ouverts et modernes, les dirigeants des grandes fédérations musulmanes qui tiennent les uns et les autres de sympathiques et benoîts discours ne s'activent guère plus pour la mobiliser. Messieurs, assez de double langage ! Faites un choix. Courage ! Un immense pas sera franchi quand une première grande manifestation sur tout le territoire, place de la Nation à Paris, dans chaque ville d'importance, démontrera que cette majorité silencieuse se dresse fièrement contre les dérives qui mettent en péril ses propres enfants. Le verra-t-on bientôt, cet événement fondateur dans l'histoire de France, ni Marche des Beurs, ni Marche des Peurs, qui prouverait sans ambiguïté – enfin ! – que ceux qui, de près ou de loin, ont à voir avec l'islam adhèrent aux valeurs républicaines ? Elles sont pourtant leur meilleur garde-fou.

L'une des difficultés pour aborder tous ensemble une réflexion réside dans la rigidité des postures. Il n'y a rien à attendre de celle de Marine Le Pen, adulatrice soudaine de la laïcité, devenue concurrente en habileté de Tariq Ramadan. Pour elle : l'islam hors de France, ou sous terre. A l'autre bout, guère mieux. Jean-Luc Mélenchon égrène son « pas de problème avec l'islam… seulement avec une poignée de fanatiques[1] ». Noël Mamère son : « l'islam reste une religion discriminée et pratiquée dans l'invisibilité… nous sommes en train de revenir à un Code de l'Indigénat (*sic*)[2] ». Depuis, il a du fil à retordre à Bègles avec quelque organisation musulmane, ce qui l'a peut-être ramené à plus de modération. Et Olivier Besancenot affirme sans sourciller[3] qu'une femme voilée « c'est l'image de notre intégration dans les quartiers ». Personne ne fera bouger l'extrême droite ni l'extrême gauche. Seuls les grands partis de gouvernement sont susceptibles d'opérer la révolution qui s'impose : réunir au plus vite toutes les pièces du puzzle islam et les ajuster pour mettre sur pied une politique conséquente. Proposer à la nation un

1. Débat avec Marine Le Pen en février 2012, vidéo disponible sur oumma.com

2. Site Ecologie les Verts, février 2010.

3. Campagne électorale 2012, rapporté par *Le Figaro*.

projet historique de réconciliation avec cette religion et inversement, sans laquelle ni la France ni ses citoyens musulmans ne connaîtront plus avant longtemps la paix intérieure et une intime sérénité. Cela ne peut se faire, bien sûr, qu'avec les musulmans.

Dans les cinq à dix ans à venir, nous ne pourrons probablement pas remédier à deux fiascos : celui de l'école et celui du social, deux secteurs clés pour les territoires de l'islam, cités et quartiers. Au lieu de s'attaquer sur le fond à la dégradation galopante de l'enseignement, des programmes, des manuels et des relations scolaires qui nous ont fait reculer régulièrement dans le classement européen et mondial, un ministre défaillant s'obstine à voir une panacée dans la modification du rythme hebdomadaire et la réduction des vacances d'été. Alors qu'il y a deux urgences auxquelles il est assez facile de répondre afin d'intégrer et de faciliter la compréhension et d'apaiser les tensions entre les enfants et entre les jeunes de différentes communautés. Le désir de chacun étant de se sentir reconnu et accepté. La première urgence : à tous les niveaux, de la sixième au bac, mettre l'Histoire au centre des programmes, en imposer l'enseignement chronologique comme discipline majeure du secondaire. Elle est en effet devenue un enjeu déterminant de l'identité fracturée. La seconde : parallèlement, instaurer un apprentissage aussi sérieux et rigoureux de l'histoire et de la culture religieuses, non seulement pour les trois monothéismes abrahamiques qui concernent surtout la France, mais pour toutes les grandes religions de la planète. Quant au social, la crise économique qui s'enkyste et les restrictions budgétaires touchant à toutes les sortes d'aides ne peuvent qu'aggraver la détresse. De ce point de vue, la période n'est guère favorable. Malgré ce lourd handicap, la volonté politique existe chez tel ou tel. Fortement, au moins chez Manuel Valls. C'est un atout non négligeable.

Le ministre de l'Intérieur et des Cultes – pour plus de clarté, il n'était pas le candidat de mon choix lors des primaires socialistes et je n'entretiens avec lui aucune relation – est certainement le premier dont l'histoire, la personnalité, la vision et l'opiniâtreté dans l'action peuvent permettre aux politiques – des deux bords, on a le droit de rêver – de se lancer dans ce vaste chantier. L'homme, au caractère espagnol, très emporté et parfois trop ardent, connaît sur le bout des doigts le sujet dans toute sa complexité pour avoir longtemps gouverné Evry, qui n'est pas Neuilly. Il en est resté conseiller municipal, précaution pour en garder la maîtrise, excellent poste d'observation sur les répercussions de son action ministérielle. Evry, et sa plus grande mosquée d'Europe, financée du temps des prédécesseurs socialistes de Valls par Hassan II et surtout par la Ligue islamique mondiale[1], bras armé du wahabbisme saoudien pour l'application de la charia en France. Evry, où la bataille du halal, du hidjab, du niqab fait rage. Valls était passé à l'offensive contre l'implantation d'un supermarché exclusivement halal, entre autres. Ce qui lui a valu d'être élu député de l'Essonne en 2008, l'une des circonscriptions les plus populaires de France, avec près de 79 % des voix des « Blancs »… mais moins d'un tiers des inscrits étant allés aux urnes ! C'est dire l'hostilité qu'il suscite dans sa cité auprès des musulmans et de la « majorité silencieuse » arabo-africaine. Dans sa circonscription aussi. En 2010, il s'est fait agresser sur un marché de Corbeil, jeter à terre et menacer de mort par une bande de caïds se réclamant également de l'islam. Corbeil, longtemps ville de l'UMP Serge Dassault, lequel avait littéralement arrosé de prébendes les associations musulmanes, financé leur mosquée, le tout non sans rapport avec les ventes d'armement aux pays du Golfe, métier principal de l'avionneur. Valls

1. http://fr.wikipedia.org/wiki/Ligue_islamique_mondiale

est enfin l'objet d'un déchaînement sur le Web qui mérite d'être suivi pour mieux comprendre ce qu'est l'incitation à la haine.

Le ministre a derrière lui dix ans d'expérience et de pratique en continu des organisations musulmanes. Son regard empathique sur les populations des quartiers – l'échec scolaire, la précarité, l'incapacité éducative des pères et des mères, les mafias qui tiennent tout, rackettent, font régner la terreur envers les filles et les femmes notamment – ne le dispense pas d'une lucidité sans concession. Il a vu monter les intégristes dans sa ville, la pénétration islamiste tentaculaire, et il a vite compris qu'un maire, aussi laïc convaincu soit-il, ne peut rien tout seul. Son vote iconoclaste pour le PS en faveur des deux lois de 2004 et de 2010 sur l'interdiction des signes religieux dans les établissements publics, puis l'interdiction spécifique de la burqa, ne s'explique pas autrement. Au-delà de son discours sur les millions de bons et les quelques milliers de mauvais musulmans, propos convenu et nécessaire pour assurer la paix sociale – où en est-on, si l'on y réfléchit ! –, il sait parfaitement que l'islam est un arbre d'un seul tenant, comme le superbe chêne de Flagey peint par Courbet. Pas une série de branches sans tronc. Valls a aussi été extrêmement ébranlé par les meurtres de Mohamed Merah. Pour lui, il y a un avant et un après mars 2012. Le hasard du calendrier et la victoire de François Hollande lui ont opportunément offert la possibilité de mettre en œuvre au moins une partie de son corps de doctrine : la lutte contre les radicaux salafistes, du Tabligh et du Milli Görüs, leurs réseaux et leurs imams qu'il réexpédie plus volontiers dans leur pays d'origine. Cette fermeté ne fait pas l'unanimité du côté musulman, tant s'en faut. Une bonne indication encore de l'énormité de la mission. Elle met littéralement en rage nombre de responsables et renforce leur hostilité à l'égard de la France. Mais elle en comble d'autres : les Frères musulmans qui sont, ici, les meilleurs ennemis des terroristes en puissance, dont la stratégie diverge complètement de la leur ; et ceux, peu nombreux il est vrai, de différentes obédiences qui cherchent vraiment à inscrire l'islam dans la République. Que Valls ait l'ambition de laisser son nom et sa marque sur la réalisation d'un projet majeur concernant l'islam ne fait aucun doute.

Encore faudrait-il que le chef de l'Etat et son gouvernement sortent de façon décisive des incohérences de près d'un demi-siècle qui brouillent les messages, expriment à la fois fragilité et cynisme et ne permettent de définir ni un programme ni un plan d'action. En lister ne serait-ce que quelques-unes donne le vertige.

Incohérence de Sarkozy d'avoir créé le CFCM en le remettant aux intégristes majoritaires sans exiger aucun contrôle en échange, puis, sous prétexte de non-ingérence plus ou moins fictive dans l'organisation du culte en vertu de la loi de 1905 de séparation des Eglises et de l'Etat, d'avoir laissé les pays d'origine y prendre le pouvoir et se déchirer. Tant et si bien que l'institution prétendument représentative des musulmans, de fait artificielle, n'en a plus que le titre. Il y règne le même bazar que dans le foot français, c'est dire, mais ce « bordel » fait encore mieux le lit de tous les islamistes, chacun à ses petites affaires dans son coin, puisque le CFCM est devenu incontrôlable. A se demander au bout du compte si Sarkozy, déjà très lié aux Qataris après l'avoir été aux Saoudiens, n'a pas voulu, en l'instaurant sans se soucier des conséquences, simplement rendre une politesse à ses amis. Résultat : l'Etat se retrouve ainsi privé d'un interlocuteur officiel digne de ce nom. Faut-il sauver le CFCM ? A peu près aucun musulman ne s'y reconnaît, les jeunes avec leur kit islamique en particulier l'ignorent, et il ne les représente pas. L'accord entre ses différentes composantes qui a eu lieu en début d'année est utile pour conserver une entité avec laquelle discuter. Mais aucune réforme ne résoudra les problèmes si la formation des imams, la multiplication des aumôniers, le basculement des financements, la mise au point des contenus d'enseignement islamique ne vont pas de pair.

Incohérence pour les élus locaux de contribuer à financer en catimini, en usant du mensonge – sans jamais de mandat clair et précis pour cela –, au mépris de leurs électeurs donc, les lieux de culte et les écoles coraniques alors qu'eux-mêmes et l'ensemble de la classe politique cocoricotent toute la journée sur l'incontournable loi de 1905, promulguent des lois de défense de la laïcité. Si l'islam est sorti des caves, la République s'enfonce, elle, dans l'opacité.

Les élections municipales de 2014 seront déterminantes. Il reste un an pour une mobilisation responsable des appareils politiques. Les municipales pourraient, devraient fournir une occasion de sortir du flou. Demander des comptes aux maires sur leurs relations financières et idéologiques avec les organisations musulmanes serait contraignant pour eux. En s'attachant aussi aux subventions qu'ils accordent aux associations culturelles de la loi de

1901 qui servent de paravent. Martine Aubry à Lille, par exemple. Voilà dix ans qu'elle entretient des liens de réelle complicité avec l'UOIF et Amar Lasfar, imam machine de guerre contre la France, comme on l'a dit. Elle lui a fait jusqu'ici à peu près toutes les concessions possibles, en contravention avec les règles de la laïcité et sans esprit de responsabilité politique. Elle ne s'est pas préoccupée un instant de l'idéologie de Lasfar. Martine Aubry est une élue qui a puissamment contribué à installer l'islamisme dans une grande ville française. Elle a tout à coup tourné casaque en refusant de se rendre en mars dernier à la septième rencontre des musulmans du Nord, organisée par la Ligue islamique du Nord que préside Lasfar. Elle aurait été choquée par la présence de Tariq Ramadan et de Salah Sultan, président du Haut Conseil islamique d'Egypte, membre du Conseil européen de la fatwa et de la recherche et de l'Union internationale des savants musulmans. Parce que celui-ci a appelé les jeunes au jihad, à pratiquer des sports de combat en vue de libérer la mosquée Al-Aqsa, à Jérusalem. Mais que fait-elle semblant de découvrir là ? Lasfar, puissance lilloise par la volonté de la maire, partage le point de vue du « savant », elle le sait pertinemment, et sa réaction en dit long sur un rapport de forces : Martine Aubry « outrepasse ses responsabilités de femme politique. Elle n'a pas à nous dire qui inviter ou pas à nos manifestations. Le vivre ensemble, on ne l'affiche pas, on le vit[1] », ajoutant qu'elle « l'avait personnellement blessé et habitué à des choses plus sérieuses ». On ne sait ce qui a conduit Aubry à cette décision, qui lui coûtera certainement l'électorat musulman, mais c'est un premier pas vers une normalité républicaine. De la même façon, à Paris, Bertrand Delanoë a souverainement conduit une « politique musulmane » dont ses électeurs n'étaient pas tenus au courant. Rupture du jeûne du Ramadan chaque année à l'Hôtel de Ville pour un montant de 100 000 euros ; extravagante construction d'un institut culturel islamique dans le 18e arrondissement, doublant celui du Monde arabe jugé trop restrictif : des milliers de mètres carrés cultuels et culturels, coût pour les contribuables qui n'en peuvent mais, 22 millions d'euros. Sans aucun contrôle prévu sur les contenus idéologiques. Pour 2014, Delanoë passant la main à Anne Hidalgo, c'est elle qui devra s'expliquer devant probablement Nathalie Kosciusko-Morizet, qui elle-même devra dire ce qu'elle envisage de faire. Pour en finir avec ces financements déguisés

1. www.lavoixdunord.fr/region/aubry-choquee-par-linvitation-de-predicateursjihadistes-ia28b0n1065837

et un laxisme dévastateur, il faudrait les autoriser. Chacun saurait alors pour quoi il vote et y aurait ensuite un droit de regard.

Incohérence, dans la foulée de cette première, à s'inquiéter dès lors de la manne et des imams déversés par des puissances étrangères musulmanes aux visées bien précises, tout en refusant de participer officiellement au financement du culte et à la formation des prêcheurs, toujours au nom de la laïcité. Quel cercle vicieux, et quelle aubaine pour les fondamentalistes que notre principe essentiel ! Croit-on que notre modèle, ébranlable avec de la patience, cette vertu majeure dans le message de Mahomet, donne ainsi l'image de la force et de la sérénité ? Il n'y pas d'échappatoire si l'on veut en finir progressivement avec l'influence néfaste du wahabbisme, des Frères musulmans, du Tabligh : il faut se substituer à ceux qui les alimentent. Sachant que la communauté musulmane n'est pas riche. La Fondation pour les œuvres de l'islam de France créée par Dominique de Villepin, dans laquelle Dassault a versé 1 million d'euros toujours inemployés, est mort-née : bonne volonté n'est pas autorité. Près de 1 000 lieux de culte de petite taille sont encore à construire dans les années à venir. Un partenariat financier bien compris s'impose entre l'Etat, les collectivités locales et les donateurs privés français du culte musulman. En excluant peu à peu tout autre acteur. De même, il y a urgence à mettre sur pied un partenariat parallèle avec les organisations musulmanes pour la formation des imams. C'est un objectif prioritaire. Créer et financer un ou deux instituts de haut vol assignés à cette mission, exigeant que les étudiants musulmans soient français, accueillant des professeurs et des théologiens français prêts à jouer le jeu républicain, voilà qui pourrait se faire en terre concordataire par exemple, du côté de Strasbourg. On y a bien déplacé l'ENA. Cela permettrait aussi de remédier au très sérieux problème des aumôniers dans les prisons, les hôpitaux et, plus secondairement, dans les armées. Il est largement temps que le ministère de la Justice, contre l'avis – parfois – du Contrôleur général des lieux de privation de liberté qui n'a pas toujours l'air de bien comprendre de quoi il retourne, permette au personnel pénitentiaire de reprendre la main dans les hauts lieux des conversions radicales par les seigneurs de l'islam, au lieu de recommander toujours plus de compréhension. Si Christiane Taubira mettait autant de flamme à combattre le salafisme en prison qu'elle en a montré pour le mariage homo, elle ferait œuvre de salubrité publique. Dans ce cadre, la multiplication des aumôniers musulmans, imams ou adjoints convenablement formés, s'impose. Là encore règne aujourd'hui la plus grande confusion. La plupart de ces aumôniers sont bénévoles, certains touchent entre 190 et 700 euros par mois. Ils sont choisis par les aumôniers nationaux, en concertation avec l'Administration, qui sont eux-mêmes rattachés au CFCM. Bref, ils ne bénéficient ni de subventions ni d'une organisation à l'image des autres cultes : une disparité lourde de dramatiques conséquences.

Incohérence encore à partir en guerre au Mali pour le libérer des terroristes d'Aqmi, du Mujao et d'Ansar Dine qui menacent de déstabiliser toute la région et de la faire basculer vers l'intégrisme – ambition intacte du wahabbisme qui avait finalement échoué en l'Algérie il y a treize ans –, et dans le même temps de soutenir et d'armer en Syrie les islamistes sunnites qui noyautent les insurgés contre le régime de l'alaouite chiite Assad. Quelle différence de valeur entre un salafiste en Afrique et un autre au Proche-Orient, tous deux pions de la stratégie saoudienne, pour que l'un mérite d'être abattu et l'autre de pouvoir abattre ? Comment s'étonner qu'un jeune veuille rallier Aqmi et les autres si nous sommes nous-mêmes alliés et amis des puissances qui entretiennent ces organisations ?

Pourquoi, en faisant semblant de croire à une possible démocratie dont n'apparaît aucun ferment, faudrait-il obligatoirement choisir entre la dictature établie et celle prévisible, le chiisme comme le sunnisme montrant tout leur savoir-faire en la matière ?

Incohérence toujours, à propos du Qatar. D'un côté, le discours mais aussi aujourd'hui une politique de sécurité intérieure et de défense nationale contre l'islam radical. De l'autre, ce que le pouvoir sarkozyste et les grands patrons ont accepté, laissent faire ou facilitent toujours à cet Etat intégriste et esclavagiste, exportateur de prosélytisme fondamentaliste et de terrorisme, y compris avec sa chaîne Al-Jazeera, porte-parole d'Al-Qaïda[1]. Il ne fait aucun doute que ce richissime confetti sans empire qui « achète la France[2] » et déploie une exceptionnelle stratégie de conquête internationale cherche à s'assurer pour l'après-pétrole et gaz une stature et une

1. Consulter sur YouTube l'ensemble des prêches de Qaradaoui dont certains sont traduits en français ou en anglais.

2. Lire les deux excellents numéros consacrés à ce sujet par *Marianne*, numéro du 13 janvier 2013, en particulier le talentueux et très drôle article de Guy Sitbon, et par *Le Nouvel Observateur*, numéro du 3 janvier 2013.

viabilité économique. Mais être complice de l'impérialisme religieux qui accompagne ces investissements est pure folie. Antipatriotique. Quand l'avocat Jean-Pierre Mignard, socialiste, s'exclame « ce pays a un amour immodéré pour la France. Ne laissons pas les tout petits comportements hexagonaux islamophobes et xénophobes tout gâcher[1] », j'ai honte pour lui. Il est anormal de laisser cet Etat à travers des fonds, même vaguement contrôlés pour certains, s'immiscer dans les banlieues, les PME, le sport, utiliser de consentants « élus de la diversité » ; de l'avoir introduit dans le groupe hypersensible Lagardère – les avions, les médias, l'édition et les armes – où il a exigé de siéger au conseil d'administration. Nicolas Sarkozy, Claude Guéant, Henri Proglio, François Roussely, et quelques autres complices ont aussi engagé un bras de fer avec Anne Lauvergeon, alors patronne d'Areva, pour faire entrer le Qatar dans le nucléaire français, pourtant garant absolu de la souveraineté nationale. Avant de renoncer, pour tout sauf la raison d'Etat. Mais le Koweït y est, lui, dans Areva. On imagine de Gaulle… Et ses successeurs… Il est insultant pour les Français qui se serrent la ceinture que Sarkozy

1. Dans *Le Nouvel Observateur* du 3 janvier 2013, « Pourquoi le Qatar achète la France ».

ait accordé aux Qataris une superbe niche fiscale : ce propriétaire du luxe est dispensé d'impôts sur la plus-value pour tous ses avoirs immobiliers. En nous faisant de surcroît un charmant enfant dans le dos, puisque grâce aux Etats africains que le Qatar a soudoyés comme il soudoie absolument chacun, voilà ce pays arabe et anglophone, promoteur mondial de la charia, propulsé membre associé de l'Organisation internationale de la francophonie ! La présence en France du Qatar, telle qu'elle s'installe aujourd'hui, portée à quel prix par Zidane et l'ex-président de la République, est un scandale. Qu'attend le nouveau chef de l'Etat, François Hollande, héraut de la lutte contre le salafisme et autres intégrismes musulmans, pour y porter un coup d'arrêt ? Voilà qui serait une salutaire décision.

Deux objections principales peuvent être avancées. L'une que toutes ces mesures seraient liberticides et que c'est aux musulmans seuls d'organiser leur culte, de suivre leurs rites, de se faire financer et de vivre leur vie comme ils l'entendent. Je n'ai jamais été partisane du « il est interdit d'interdire », doctrine invertébrée, porte ouverte à l'anarchie et au chaos qui engendrent les pires excès, la prévalence certaine des forts, l'effondrement de toute morale et la disparition assurée des libertés. Et je ne vois strictement aucune justification à accepter des germes totalitaires là où ils se manifestent. Encore moins à s'incliner devant ceux qui ne les discernent pas. L'autre objection, nettement plus sérieuse, concerne la remise en cause implicite de la loi de 1905, qui, soit dit en passant, a déjà été amendée sans que quiconque y prenne garde. Dans un texte juridique de référence[1], l'avocate Corinne Lepage avait résumé les principaux arguments contre une évolution de cette loi. Si elle partait bien du « vide spirituel contemporain qui conduit à une sorte de désespérance » et que seules les religions peuvent combler, elle posait cette question : cela justifie-t-il une discrimination positive en faveur de l'islam ? Non, répondait-elle, parce que « la question de la liberté de conscience est centrale ». Or, les Français musulmans et leurs représentants n'ont pas renoncé à l'apostasie, l'un des fondements de la charia. Les autorités quant à elles n'osent pas l'exiger. « Comment pourrait-on admettre que la République subventionne et reconnaisse une religion qui refuse la liberté de conscience ? » Elle ajoutait concernant le financement : « Mais rien n'assure que, même si la République finançait la construction de mosquées ou subvenait aux besoins de certains ministres du

1. Proche-orient.info, 2004.

culte, la manne saoudienne ou autre serait coupée. Il y a fort à parier qu'il y aurait alors cumul de sources de financement, rompant précisément l'égalité entre l'islam et les autres religions... La loi de 1905 reste la meilleure garantie contre des déviations du religieux. » J'ai très longtemps été d'accord avec cette analyse. Au terme de ces années de reportage, de lectures, de discussions et de travail, je ne le suis plus. La démonstration est faite, me semble-t-il, que la loi de 1905 n'a précisément rien empêché de tout ce que redoutait Lepage, loin de là. Comme le Coran, cette loi ne vaut que par ce que les hommes et les femmes en font. Elle est inefficiente avec l'islam parce qu'elle a été adaptée, écrite et promulguée dans un contexte historique bien précis, pour fixer un cadre de relations entre l'Etat et une religion déclinante, qui venait de perdre la partie et acceptait de fait sa sécularisation. Dans une France que le législateur prévoyait immobile. Elle n'est pas adaptée, et pour cause, à un contexte absolument imprévisible, celui d'une nouvelle religion prosélyte, conquérante et séduisante qui se développe contre elle. Ce qui doit absolument subsister de la loi, c'est son principe essentiel : la liberté de conscience et la liberté d'exercice des cultes, excluant toute prise en considération de l'appartenance religieuse dans la vie civile, toute volonté d'y imposer une religion et ses signes ostentatoires, égalité citoyenne dont la laïcité est la garante. Mais le financement de l'islam, qui seul autoriserait de juguler les « déviations du religieux », devrait faire l'objet d'une évolution de la loi. Ce n'est pas renoncer à la laïcité que de l'affirmer, c'est au contraire, j'en suis convaincue, la sauver. L'islam n'est pas une réalité circonstancielle mais structurelle. Nous ne pouvons pas continuer cahin-caha sans en tirer les conséquences. J'ai pour ma part la certitude aujourd'hui, devant l'ampleur des dégâts, que le dialogue interreligieux et les imams ont un rôle déterminant à jouer pour redresser la barre et éviter la dérive définitive. Rien d'irénique là-dedans. Ces imams, et la plupart des organisations musulmanes, sont particulièrement hostiles à ce tango avec l'Etat. Aucune autre solution que de les convaincre, long et patient exercice pédagogique qui doit s'accompagner d'un non moins délicat travail de la diplomatie française avec les pays d'origine et les pays contributeurs. Le moment était certainement mal choisi, les arrière-pensées trop déplaisantes, et l'idée trop mal portée pour le débat sur la laïcité qu'avait souhaité l'UMP. Pourquoi, avec tous les acteurs concernés et toute la planète musulmane française, ne pas organiser après les municipales de 2014 des états généraux de la laïcité et de l'islam, avec bien sûr les repésentants de tous les cultes, retransmises en direct, comme l'avaient été les travaux de la Commission Stasi, par une chaîne de télévision publique ? Si un tel événement se faisait dans un esprit d'ouverture et de dialogue, de quoi aurait-on peur ?

Encore faut-il, bien sûr, pouvoir enclencher la mécanique et ils ne sont pas légion, les hommes de foi musulmane prêts à ce formidable challenge. J'ai souvent parlé dans ce livre de Tareq Oubrou. J'ai souhaité le rencontrer très longuement car il me paraissait être un des rares prêts à affronter un tel défi. Je crois que cet imam, aumônier et théologien à l'évolution assez remarquable, est un honnête homme. Je pense que tous ses propos et ses écrits, loin de toute langue de bois, l'engagent trop, même s'ils s'inscrivent dans une stratégie qui lui est propre, pour qu'il y ait là duplicité, comme le prétendent l'extrême droite d'un côté, une partie de sa propre communauté de l'autre. C'est d'ailleurs tout le pari qu'a fait Alain Juppé et qu'il traduit par : « On fait confiance ! » J'ai bien conscience qu'en le prenant ainsi en exemple, je risque de le desservir auprès des siens. Oubrou jette sur les Français musulmans un regard sans concession et affirme : « Ils n'ont pas une foi sereine, l'islam n'est pas un bouclier identitaire de protection, je veux sauver l'islam des musulmans[1]. » Fondamentalement, il leur reproche d'être dans la revendication de comportements, pas assez dans la foi et dans la connaissance. Dans une visibilité de mauvais aloi, qui trahit l'islam et crispe la société française. Ce qui lui vaut évidemment d'être critiqué parce qu'il prônerait un islam de dominé. A quoi il répond : « Je ne suis pas un ventriloque. Seulement un imam qui représente une lecture de l'islam ici et maintenant. Je suis représentatif de l'islam en Occident, qui a les mains dans le cambouis. » Oubrou croit le moment venu pour les musulmans de comprendre enfin qu'ils sont minoritaires dans une terre laïque, à laquelle il adhère au terme d'une longue et ascétique réflexion avec lui-même. « Rien ne sert de perturber le fonctionnement d'une société pour améliorer son propre sort. » Ce changement radical de la perception de soi-même et de sa religion, cet islam de minorité assumé, Oubrou veut en être le penseur, le théologien, la figure de proue. « Penser Dieu en français, c'est déjà le penser autrement. » Mine de rien, il prêche là pour une révolution. La même au fond, vue de l'autre côté de la rive, que celle qui s'impose à la classe politique française.

1. Entretien avec l'auteur du 18 novembre 2012.

Remerciements

Signe des temps, sensibilité du sujet : la quasi-totalité de mes interlocuteurs ont insisté pour ne pas être cités, chacune et chacun pour des raisons qui lui sont propres, mais tous ayant en commun la peur. Je leur suis extrêmement reconnaissante de m'avoir fait confiance.

Ce livre doit beaucoup à celles et ceux que j'ai par ailleurs écoutés dans plusieurs villes de France – incognito – exprimer ce qu'ils pensent vraiment quand ils se croient entre eux.

La documentation nécessaire à cet ouvrage était considérable. Je suis particulièrement redevable pour leur aide, leurs observations et leur temps à Malik Aït Aoudia, Nazim Belabdelouahab et, comme toujours, à Nicole Leibowitz.

Je remercie aussi Alain Juppé, Paul Lagarde, Charafeddine Mouslim, Tareq Oubrou, Stéphane Rozès.

Ainsi que YouTube, Dailymotion, Facebook, exceptionnels instruments de travail et de compréhension pourvu que l'on sache en faire le tri, outils à la portée de chaque citoyen qui désormais ne peut plus dire « Je ne savais pas… ».

Enfin, grand merci à Muriel Beyer, qui a manifesté d'emblée enthousiasme pour publier ce livre et indispensable soutien pour le mener à bien, ainsi qu'à Grégory Berthier-Gabrièle, qui avec intelligence et gentillesse a été là, même les week-ends.

Table

Composition et mise en page

NORD COMPO
multimédia

Achevé d'imprimer en février 2015 sur rotative numérique Prosper
par Soregraph à Nanterre (Hauts-de-Seine).

Dépôt légal : avril 2013
N° d'édition : 14942
N° d'impression : 14255

Imprimé en France

L'imprimerie Soregraph est titulaire de la marque
Imprim'vert® depuis 2004.